대한민국 담배법의
현재와 미래

대한민국 담배법의
현재와 미래

김태민 저

위메이크미디어

머리말

 식품의약전문변호사로 2012년부터 10년 넘게 일하면서 보건 관련 행정·형사 사건과 정책 및 법령 자문을 통해 전문성을 키워왔다. 식품, 의약품, 의료기기, 화장품 등 다양한 보건 관련 법령 전문가로 활동하면서 최근 자연스럽게 담배 관련 법령에도 관심을 갖게 되었다. 그런데 담배 관련 법을 접하는 순간, 다른 보건 법령들과는 확연히 다른 체계와 목적에 적지 않은 충격을 받았다.

 식품위생법, 약사법, 화장품법 모두 "국민건강의 보호"를 명시하고 목적으로 한다. 그런데 담배사업법은 "담배산업의 발전을 도모하고, 국민경제에 이바지"한다고 규정하고 있다. 국민 건강은 어디에도 없다. 오로지 세금, 사업자, 정부를 위한 법령 체계였다. 담배 관련 법은 국민

건강을 위해 앞으로 많이 바뀌어야 한다.

　공식적으로 전 세계 어떤 나라, 어느 전문가도 담배를 옹호하거나 장점이 있다고 언급한 경우는 없다. 건강에 유해하다는 사실은 이미 자명하다. 그렇다면 왜 담배는 마약처럼 각국의 정부가 적극적으로 퇴치를 위해 노력하지 않는 것일까? 대한민국은 과거 모든 남성이 병역의무를 지는 환경에서 담배를 무료로 제공하는 정책을 펼치기도 했고, 지금도 다른 나라는 심각하게 금지했거나 금지하려는 가향 담배나 액상형 전자담배에 대해서 정부는 아무런 조치도 취하지 않고 있다. 이것은 특정 업체의 로비 때문도 아니다. 그저 무관심으로 인한 부작위라고 하는 것이 정확하다.

　변호사로서 담배 관련 법을 들여다보면서 누구를 위한 법인지 깊게 의문을 품게 되었다. 결론적으로 현재 우리나라의 담배 관련 법은 국민건강을 위한 법이 아니라, 오로지 세금을 위한 법, 사업자를 위한 법, 그리고 정부를 위한 법이라고 생각한다. 이 의문은 확신으로 바뀌었고, 이 책을 쓰게 된 계기가 되었다. 법조인으로서 법령의 체계와 내용을 분석하고, 그 문제점을 지적하며, 앞으로의 법령 개정과 정책 전환에 조금이나마 기여하고자 하는 마음으로 이 책을 집필하게 되었다.

　담배사업법의 전신은 1956년 1월 20일 제정된 연초전매법이고,

1988년 12월 31일 폐지될 때까지 대한민국은 국민의 건강을 해치면서 오로지 수익만 챙기는 비정상적인 체제가 유지되었다. 1989년 1월 1일 시행된 담배사업법은 담배사업을 민간에 개방했지만, 고율의 세금과 건강증진기금을 통해 전매제도 때와 크게 다르지 않은 수입을 확보해 왔다. 이런 목적으로 제정된 법이라 그 목적에 대한 규정도 "담배산업의 발전을 도모하고, 국민경제에 이바지한다"는 것이지, 국민 건강 보호가 아니었다.

2023년 10월 31일, 대한민국 담배 관련 법 역사에서 가장 중요한 전환점이 만들어졌다. 담배의 유해성 관리에 관한 법률이 제정된 것이다. 이 법은 세금과 사업적인 측면에서만 담배를 바라보았던 관점을 이제 국민의 건강 보호라는 목적으로 전환했다는 것을 보여주는 상징적인 사건이었다. 2025년 11월 1일부터 시행되고 있는 이 법은 대한민국 정부가 담배업계와 제대로 된 전쟁을 시작할 강력한 무기가 될 것으로 기대된다. 아니 그래야만 한다.

그러나 여전히 갈 길은 멀다. 지금 가장 치열하게 논의 중인 담배 관련 사안 중에 하나인 합성니코틴 문제는 법령 개정을 통해 곧 담배의 정의에 포함될 것으로 기대되지만, 여전히 니코틴 유사물질은 포함되어 있지 않을 가능성이 커서 전문가로서 큰 걱정이다. 하지만 이보다 더 문제가 큰 것은 가향물질과 전자담배를 여전히 관용적으로 대하고 있다는 정부의 태도다. 청소년 흡연의 주범으로 지목되는 가향 담배와 액상형 전자담배가 법의 사각지대에 방치되어 있고, 어른들의 무관심 영역에 존재함으로써 우리 아이들을 병들게 만들고 있다는 심각한 문제를 우리 모두가 알면서도 외면하고 있다.

그리고 이미 전 세계적으로 전자담배를 넘어서 연기가 없는 신종담배들이 유럽이나 미국에서 유행하는데, 우리는 전혀 대비하지 못하고 있다. 담배 산업은 나날이 진화하고 있는데, 법은 국회의 정쟁 때문에 전문가들의 날카로운 지적에도 여전히 그 자리에서 벗어나지 못하고 있다.

이 책은 제1장에서 담배법이 얼마나 세금 중심적인지를, 제2장에서는 얼마나 사업자 중심적인지를, 제3장에서는 정부가 얼마나 소극적인지를 법령을 통해 낱낱이 분석해 보려고 한다. 그리고 제4장에서는 해외 사례, 마지막으로 제5장에서는 국민건강을 최우선으로 하는 담배법으로의 전환을 위한 구체적인 방안을 제시할 것이다. 그리고 결국 선진 제도를 운영하고 있는 제외국의 사례를 배우되, 국내 실정에 맞게 선별할 수 있도록 미국, 영국, 호주 등 선진국의 법령과 사례를 조사하고, 우리와 유사한 담배법 체계를 가진 일본도 함께 탐구할 예정이다.

결론적으로 이런 과정을 거쳐 앞으로 국회와 대한민국 정부가 담배

업계, 소비자단체, 학계 등 다양한 구성원들의 의견을 취합하고, 객관적이고 공정하게 국민 건강을 최우선으로 하는 유해성 관리를 진행할 수 있도록 법률적 제안을 통해 미래로 나아갈 방향을 제시하고자 한다. 세금도 중요하고 산업도 중요하지만, 국민의 생명과 건강보다 중요한 것은 없다는 원칙이 법령에 뿌리박힐 수 있도록 실행하는 하나의 씨앗이 되고 싶다. 담배법의 미래는 결국 우리가 무엇을 가장 소중한 가치로 삼느냐에 달려 있다. 이 책이 그 변화의 작은 불씨가 되기를 바란다.

끝으로 '담배 관련 법률과 사건 해설'에 이은 두 번째 담배 법률 서적을 출간하면서 항상 곁에서 응원해 준 사랑하는 아내와 4남매 중에서 가장 듬직한 쌍둥이 아들 로하와 로이에게 깊은 감사와 사랑을 보낸다.

2025년 10월
캐나다 로키산맥의 작은 마을 캐슬거에서
김태민 씀

목차

머리말   5

제1장 대한민국 담배법은 세금을 위한 법이다   13
   1. 국민 건강보다 세금을 위한 담배법의 현황   14
   2. 세금 징수를 위한 담배의 정의   22
   3. 세금징수의 보조역할인 국민건강증진법의 한계   31
   4. 지방자치단체 예산의 근간이 되는 담배   36
   5. 국민 건강을 위한 담배유해성 관리에 관한 법률의 한계   42

제2장 대한민국 담배법은 사업자를 위한 법이다   57
   1. 담배법의 근간 담배사업법의 내용 분석   58
   2. 담배사업법과 다른 보건법령의 차이점   63
   3. 담배사업자가 국내에서 부담하는 의무와 위험   70

제3장 대한민국 담배법은 정부를 위한 법이다   77
   1. 담배 사업자에 대한 정부의 행정 제재 규정 현황   78
   2. 정부의 방임을 보여주는 빈약한 수준의 형사 처벌 규정   86
   3. 담배유해성관리에 대한 성분 공개의 한계   95

    4. 국민은 제외된 정부 주도만의 제도와 정책 한계   104

제4장 국민 건강을 지키는 다른 나라의 담배법   111
    1. 미국의 담배법 현황과 정책 방향   112
    2. 영국의 담배법 현황과 정책 방향   120
    3. 호주의 담배법 현황과 정책 방향   128
    4. 일본의 담배법 현황과 정책 방향   148
    5. 해외 담배법에서 정부의 역할 분석   155

제5장 대한민국 담배법은 국민건강을 위한 법으로 바뀌어야 한다   161
    1. 담배사업자가 아닌 국민이 주인이 되는 법령으로 개정   162
    2. 가향물질과 전자담배 규제 강화의 필요성   167
    3. 담배사업자의 품목별 신고 혹은 허가 의무 신설 필요성   173
    4. 담배사업자 유형의 세분화 등 개정 필요성   181
    5. 강력한 행정제재처분과 형사 처벌 규정의 필요   187
    6. 흡연지도 강화와 비흡연자 보호를 위한 제도 필요   192

    맺음말   196

| 제1장 |

대한민국 담배법은 세금을 위한 법이다

1
국민 건강보다 세금을 위한 담배법의 현황

세금 징수를 위한 법

모든 담배 관련 법의 근간이 되는 담배사업법은 국민건강을 위한 법이 아니다. 구체적인 규정을 하나하나 분석해 보면, 이 법은 담배사업자로부터 세금을 걷기 위해서 편리한 구조로만 구성되어 있다는 한계가 명확히 드러난다.

담배사업법의 목적을 이해하기 위해서는 그 연혁을 보면 답이 나온다. 1956년 1월 20일 제정된 연초전매법은 국가가 담배를 독점적으로 생산하고 판매하는 전매제도를 규정을 위한 법이다. 이후 1970년 1월

30일 담배전매법으로 변경되었고, 1988년 12월 31일 폐지되기까지 무려 32년간 유지되면서 담배사업을 국가가 관리하면서 세금을 징수하는 목적을 철저하게 수행했었다. 이 기간 동안 국가는 국민의 건강에는 전혀 관심도 없었고, 오로지 담배 판매를 통한 수익만을 추구하는 비정상적인 체제가 유지되었다.

1987년 한국담배인삼공사가 설립되면서 국영 담배사업이 공사 체제로 전환되었고, 1989년 1월 1일 담배사업법이 시행되면서 담배시장은 민간에 개방되었다. 외국 담배가 수입되기 시작했고, 담배산업은 표면적으로는 민영화되었다. 그러나 본질은 변하지 않았다. 정부는 고율의 세금과 건강증진부담금을 통해 전매제도 때와 크게 다르지 않은 수입을 확보할 수 있었다. 단지 국가가 직접 담배를 판매하던 시스템이 민간사업자로부터 세금을 징수하는 시스템으로 바뀌었을 뿐이다.

한편 담배 관련 세금 중 담배소비세와 지방교육세는 지방세다. 담배 한 갑당 대략 담배소비세 1,007원과 지방교육세 443원, 합계 1,450원이 지방자치단체의 세수로 들어간다고 한다. 연간 담배 판매량을 고려하면 지방자치단체가 담배로부터 걷는 세금은 수조 원에 달한다.

이것이 담배법 개정을 가로막는 보이지 않는 장벽이다. 담배 판매를 강력히 규제하고 흡연율을 획기적으로 낮추는 정책을 시행하면 지방재정에 타격이 온다. 그래서 정부는 담배 가격을 올려 세수를 유지하면서도, 담배 판매 자체를 급격히 줄이는 강력한 규제는 주저하는 것이다. 담배사업법이 세금 징수를 위한 편리한 구조로만 구성된 근본적인 이유가 여기에 있다.

담배사업법 제1조는 "담배 제조 등 담배사업에 관한 사항을 규정함으로써 담배산업의 건전한 발전을 도모하고 국민경제에 이바지함을 목적으로 한다"고 명시한다. '국민건강'이라는 단어는 법의 목적 어디에도 포함되어 있지 않다. 오로지 담배산업의 발전과 국민경제 기여만이 법의 존재 이유인 것이다.

반면 식품안전기본법 제1조는 "국민건강의 보호와 증진에 이바지함"을, 약사법 제1조는 "국민보건 향상에 기여함"을 목적으로 명시하고 있다. 화장품법 제1조 역시 "국민보건 향상에 이바지함"을 목적으로 한다. 모두가 백해무익하다고 인정하고 각종 발암물질을 포함하고 있는 담배를 규율하는 법 중에 기본이 되는 담배사업법에 정작 국민건강을 목적에 포함시키지 않은 것이다. 출발점부터 잘못이었다.

사업자 관리가 중심인 담배법

담배사업법은 세금 징수 목적 외에 담배 제조업자와 수입업자를 어떻게 관리할 것인가에 집중되어 있다. 제3조부터 제14조까지는 담배 제조업 및 수입판매업의 허가, 시설 기준, 영업 범위, 양도·양수, 폐업 신고 등 사업자 관리에 관한 규정이다. 이는 철저히 담배를 제조하고 수입하는 사업자를 파악하고 관리 및 통제하기 위한 장치다.

왜 정부는 이렇게 세밀하게 담배사업자를 관리하려고 할까? 담배에 부과되는 각종 세금을 빠짐없이 징수하기 위해서다. 담배 한 갑에는 개별소비세, 지방교육세, 담배소비세, 부가가치세, 국민건강증진부담금 등이 부과된다. 담배 한 갑에 포함된 세금이 74%에 달한다. 담배사업자를 정확히 파악하지 못하면 이 막대한 세수를 걷을 수 없는 것이다. 그래서 담배사업법은 담배 사업자를 효율적으로 관리하기 위해서 제정된 것이다.

담배사업법 제18조는 제조업자와 수입업자로 하여금 판매실적을 기획재정부장관에게 보고하도록 의무화하고 있다. 이는 판매량을 정확히 파악해 세금 누락을 방지하기 위한 장치다. 제21조는 담배의 소매가격 결정 절차를 규정하고 있는데, 이 역시 세금 산정의 기초가 되는 가격을 명확히 하기 위함이다. 더욱 흥미로운 것은 제20조의 '담배자동

판매기 설치 신고' 규정이다. 자동판매기조차 신고하게 하는 이유는 무엇인가? 자동판매기를 통한 담배 판매를 추적하고 과세 누락을 막기 위해서다. 결국 담배사업법의 목적은 결국 세금을 빠짐없이 걷기 위해 사업자를 관리하기 위한 시스템 구축에 초점이 맞춰져 있다.

담배사업법의 벌칙 조항을 보면 이 법의 본질이 더욱 명확해진다. 제23조는 허가 없이 담배를 제조하거나 수입한 자에게 5년 이하의 징역 또는 5천만 원 이하의 벌금을 부과한다. 제24조는 판매실적 보고 의무를 위반한 자에게 1년 이하의 징역 또는 1천만 원 이하의 벌금을 부과한다.

이러한 처벌 규정의 실질적인 목적은 무엇인가? 국민 건강을 지키기 위해서가 아니다. 무허가 제조와 수입을 막고, 판매실적을 정확히 보고받아 세금을 빠짐없이 징수하기 위한 것이다. 실제로 담배의 유해성이나 건강 피해와 관련된 처벌 규정은 담배사업법에 존재하지 않는다.

국민건강은 안중에도 없는 과거와 현재의 담배법

담배사업법에서 국민건강과 관련된 조항은 극히 제한적이다. 제25조의2는 담배에 사용할 수 없는 물질을 지정할 수 있도록 하고 있지만,

이는 2016년에야 신설된 조항이며 그나마도 구체적인 내용은 시행령에 위임하고 있다. 담배의 성분 표시나 경고 그림 같은 직접적인 건강보호 조치는 국민건강증진법에 규정되어 있을 뿐, 담배사업법에서는 규정하고 있지 않다.

국민건강증진법이 별도로 존재하지만, 이 법 역시 담배만을 대상으로 하는 법이 아니다. 보건교육, 질병 예방, 영양개선 등 포괄적인 건강증진사업의 일환으로 담배 규제 조항이 포함되어 있을 뿐이다. 이 법에서 규정하는 담배 관련 내용은 경고문구 표시, 광고 제한, 금연구역 지정, 국민건강증진부담금 부과 등이다. 그런데 이러한 규정들도 결국은 담배사업법이 구축한 세금 징수 시스템을 보조하는 역할에 지나지 않는다.

경고문구나 광고 제한은 형식적 규제에 그치고, 국민건강증진부담금은 사실상 또 다른 세금으로 기능한다. 결국 담배를 직접 규율하는 핵심 법령인 담배사업법은 철저히 세금 징수에 초점이 맞춰져 있고, 국민건강증진법마저도 세금 징수의 보조적 역할에 머물러 있어 국민건강은 부차적인 고려사항에 불과한 것이다. 담배 사업자들은 국민건강증진법을 두려워하지 않는 이유가 여기에 있다.

담배법의 미래, 담배유해성관리법의 등장과 한계

 2023년 10월 31일 제정된 담배의 유해성 관리에 관한 법률은 대한민국 담배 규제의 역사에서 중요한 전환점이 될 수 있는 법이다. 2025년 11월 1일 시행을 앞두고 있는 이 법은 처음으로 담배를 과학적으로 관리하고 유해성분을 체계적으로 규제하겠다는 의지를 담고 있다. 담배 성분의 공개와 관리, 유해성 평가 등을 통해 국민 건강을 보호하려는 목적은 분명 진일보한 것이다.

 그러나 이 법 역시 국민건강 보호를 위해서는 미약한 부분이 너무 많다. 가향물질에 대한 실질적 규제가 없고, 합성니코틴은 포함될 것으로 예상되지만 니코틴 유사물질은 문제는 여전히 포함되기 어려운 상황이다. 게다가 이 법은 단순히 검사와 정보 공개가 목적이지 금연 정책 추진을 위한 가치 요소가 배제되어 있는 완전히 기술적인 법령에 불과하다는 평가도 존재한다.

 또한 법령 규정 자체가 너무 폐쇄적이고, 유동성이 부족해서 급변하는 담배 트렌드를 따라가지도 못한다. 이러다 보니 유럽과 미국에서 확산되고 있는 니코틴 파우치 같은 신종 담배에 대한 대비도 부족하다. 무엇보다 담배사업법이라는 세금 중심의 기본 틀이 그대로 유지되는 한, 담배유해성관리법만으로는 한계가 명확하다. 이 법이 제대로 작동하기 위해서는 시행 이후 지속적인 개정과 보완이 필수적이며, 근본적으로는 담배사업법 자체의 목적과 구조가 국민건강 중심으로 전환되어야 한다.

대한민국 담배법의 현실은 세금 징수

담배사업법은 국민건강보다 세수 확보를 우선시하는 법이다. 전매제도 시절 국가가 직접 담배를 판매하며 수익을 챙기던 시스템이, 민영화 이후 민간사업자로부터 세금을 징수하는 시스템으로 전환되었을 뿐 본질은 변하지 않았다. 사업자를 철저히 관리하고, 판매실적을 빠짐없이 보고받으며, 무허가 제조와 수입을 강력히 처벌하는 모든 장치는 세금을 안정적으로 걷기 위한 시스템이었다.

국민의 생명과 건강을 지키기 위한 법이라면, 법의 목적부터 규정의 내용, 처벌의 초점까지 모든 것이 달라져야 한다. 담배사업법의 근본적인 개정 없이는 진정한 의미의 담배 규제와 국민건강 보호는 불가능하다.

2

세금 징수를 위한 담배의 정의

담배 정의의 근본적 한계

현행 담배사업법 제2조는 담배를 "연초의 잎을 원료의 전부 또는 일부로 하여 피우거나 빨거나 씹거나 냄새 맡기에 적합한 상태로 제조한 것"으로 정의한다. 이 정의의 핵심은 '연초의 잎'이다. 즉, 천연 담뱃잎에서 추출한 니코틴만을 규제 대상으로 삼고 있는 것이다. 이러한 정의는 합성니코틴을 사용한 제품을 법의 규제 범위에서 완전히 배제시켰고, 현재 액상형 전자담배가 전국으로 확산되면서 청소년 건강을 심각하게 위협하게 된 근본적인 원인을 제공해 왔다.

현재 국회에서 개정 논의가 활발하게 진행되면서 앞으로 바뀔 것으로 모두 기대하고 있지만 여전히 문제가 해결된 것은 아니다.

액상형 전자담배와 청소년 흡연 문제

현재 합성니코틴을 사용한 액상형 전자담배는 담배사업법상 담배로 분류되지 않는다. 이로 인해 발생하는 문제는 심각하다. 첫째, 담배 판매 허가나 신고 없이도 누구나 제조하고 판매할 수 있다. 둘째, 담배에 부과되는 각종 세금과 국민건강증진부담금을 회피할 수 있어 가격이 저렴하다. 셋째, 청소년 판매 금지 등 담배 관련 규제를 적용받지 않는다.

이러한 법의 허점은 청소년들 사이에서 액상형 전자담배가 급속도로 확산되는 결과를 낳았다. 화려한 디자인과 다양한 과일향, 사탕향 등의 가향물질은 청소년들에게 흡연에 대한 심리적 장벽을 낮춘다. '담배가 아니다'라는 인식이 죄책감을 줄이고, 상대적으로 저렴한 가격은 접근성을 높인다.

더욱 심각한 것은 무인자판기를 통한 판매다. 담배사업법의 규제를 받지 않기 때문에 연령 확인 절차 없이 무인자판기에서 판매되는 경우가 많다. 중·고등학교 주변에 설치된 무인자판기를 통해 청소년들이

손쉽게 액상형 전자담배를 구매하는 것이 현실이다. 이는 청소년 흡연율 상승으로 직결되고 있으며, 일부는 마약류와의 연계 가능성까지 제기되고 있다. 니코틴 중독에 익숙해진 청소년들이 더 강한 자극을 찾아 불법 약물로 이어질 수 있다는 우려다.

앞으로 합성니코틴이 담배에 포함되더라도 이런 확산을 막기에는 역부족이다. 영리한 영업자들은 법령 개정의 유예기간을 통해 분명하게 합성니코틴 유사물질 혹은 제3의 물질 개발을 통해 법령을 피해 갈 것이 너무나 자명하다. 이런 대비를 해야 하는 국회는 여전히 영세사업자를 보호하겠다는 명분으로 법령에서 담배의 정의를 대폭 확대하는 문제를 피하고 있다. 결국 반쪽짜리가 아닌 형식적 규정만 바뀐 껍데기로 전락할 우려가 크다.

합성니코틴 포함 개정의 추진 현황과 한계

이러한 문제를 해결하기 위해 이미 오래전부터 국회에서 담배사업법 개정이 추진되어 왔다. 최근에야 개정안들이 국회에서 통과될 분위기를 타게 되었지만 여전히 부족하다. 그리고 아직 개정 된 것도 아니고 시행도 유예기간을 충분히 두고 진행될 예정이라 실효성은 의문이다. 다만, 법률적으로 분명 진일보한 조치이며, 액상형 전자담배 규제의 법적 근거를 마련한다는 점에서는 의미가 있다.

그러나 현재 논의되고 있는 개정안만으로는 부족하다. 대부분의 개정안이 합성니코틴을 포함시키는 데 초점을 맞추고 있지만, 합성니코틴 유사물질에 대한 고려는 미흡하다. 일부 개정안이 "니코틴과 유사한 성분"이라는 표현을 사용하고 있으나, 이것만으로 끊임없이 개발되는 유사물질을 모두 포괄할 수 있을지는 의문이다. 법령 해석과 적용 과정에서 또 다른 논란과 법적 공백이 발생할 가능성이 크고, 단순히 합성니코틴만 포함될 가능성이 크다.

과거 건강식품에 불법적으로 사용되어 큰 사회적인 문제가 된 발기부전치료제 사용 사건을 보면 답이 바로 나온다. 처음 식품위생법에서는 실데나필, 타다라필 등 특정 발기부전치료제 성분만을 식품에 사용할 수 없는 물질로 규정했다. 그러자 영업자들은 이 규정을 회피하기 위해 화학 구조를 약간 변형한 유사물질을 개발해 건강식품에 첨가하기 시작했다. 법은 특정 물질만 금지했고, 영업자들은 분자 구조를 조금만 바꾼 유사물질로 법망을 빠져나간 것이다. 결국 식품의약품안전처는 유사물질까지 포함시키는 법령 개정을 반복해야 했다. 그러나 새로운 유사물질이 발견되어 규제되면, 또 다른 유사물질이 등장하는 '풍선효과'가 반복된다. 검거와 규제의 속도보다 신규 유사물질 개발의 속도가 훨씬 빠르다.

담배 시장도 똑같은 길을 걸을 것으로 예상된다. 합성니코틴이 규제되면 영업자들은 합성니코틴 유사물질을 개발할 것이다. 니코틴과 유사한 효과를 내지만 화학 구조가 약간 다른 물질들을 사용하면 다시 법의 규제를 피할 수 있다. 법령 개정으로 한 가지 구멍을 막으면 다른 구멍이 뚫리는 것이다. 결국 법령 규정은 무력화되고, 국민 건강 보호라는 목적은 달성되지 못한다.

빈약한 처벌 조항

설사 담배사업법이 개정되어 합성니코틴이 포함된다 하더라도, 또 다른 문제가 남아 있다. 현행 처벌 조항이 너무 약하다는 점이다. 담배사업법 제23조는 무허가 담배 제조나 수입에 대해 5년 이하의 징역 또는 5천만 원 이하의 벌금을 규정한다. 제24조는 각종 신고 의무 위반에 대해 1년 이하의 징역 또는 1천만 원 이하의 벌금을 부과한다. 이 정도의 처벌 수준으로는 위법 행위를 억제하기 어렵다.

다른 보건 관련 법령과 비교하면 이 차이는 더욱 명확해진다. 식품위생법 제94조는 무허가 식품 제조·가공에 대해 10년 이하의 징역 또는 1억 원 이하의 벌금을 규정한다. 유해물질이 포함된 식품을 판매한 경우도 동일하다. 약사법 제93조는 무허가 의약품 제조·수입에 대해 10

년 이하의 징역 또는 1억 원 이하의 벌금을 부과한다. 마약류관리법 제58조는 향정신성의약품 무허가 제조·수입에 대해 1년 이상의 유기징역에 처한다. 하한이 정해져 있어 집행유예조차 쉽지 않다.

담배는 건강에 해만 끼치고, 이익은 하나도 없는 백해무익한 제품이다. 그럼에도 불구하고 담배사업법의 처벌 수준은 식품위생법, 약사법, 마약류관리법에 비해 현저히 낮다. 징역형의 상한은 절반 수준이고, 벌금은 20분의 1에 불과하다. 이는 담배를 '위해한 물질'이 아니라 여전히 '세금을 걷는 대상'으로만 인식하고 있기 때문이다.

청소년에게 액상형 전자담배를 판매해 막대한 수익을 올리는 영업자에게 5천만 원의 벌금은 '사업비용'에 불과하다. 적발되더라도 벌금을 내고 다시 영업을 시작하면 그만이다. 실제로 벌금형을 선고받고도 계속 영업하는 사례가 적지 않고 초범인 경우 아마 몇백만 원의 벌금이 전부일 가능성이 매우 커서 영업자들은 전혀 두려워하지 않는다. 형사처벌의 효과가 전혀 없다.

행정력 확대 제한과 부당이득 환수 조항 부존재

더욱 심각한 것은 부당이득을 환수할 방법이 없다는 점이다. 무허가로 담배를 제조·판매하거나 청소년에게 판매해 얻은 수익을 몰수하거나 추징할 법적 근거가 미약하다. 벌금 5천만 원을 내더라도 수억 원의 판매 수익은 그대로 영업자의 손에 남는다. 이런 구조에서 위법 행위가 근절될 리 없다.

　행정 제재 처분의 근거도 심각하게 부족하다. 담배 판매업자가 아닌 액상형 전자담배 판매자는 담배사업법상 '영업자'로 분류되지 않는다. 따라서 영업정지, 허가 취소 같은 행정 처분을 내릴 근거가 없다. 형사 처벌을 받더라도 영업은 계속할 수 있는 것이다. 담배 관련 사업자 모두를 영업자로 포섭해야만 한다. 그래야 적절한 제재가 가능하고, 위법 행위로 인한 부당이익 환수를 위해서 강력한 행정처분이 필수다.

　다른 보건 관련 법령과 비교하면 이 격차는 더욱 두드러진다. 식품위생법 제75조는 위반 행위의 종류와 정도에 따라 영업정지, 영업허가 취소, 품목 제조정지 등의 행정처분을 규정하고 있으며, 영업정지 2개월 이상에 해당하는 위반에 대해 영업정지와 함께 매출액에 상응하는 과징금을 부과하는 경우도 가능하다. 위반으로 얻은 경제적 이익을 환수하는 실질적 제재 수단이 존재하는 것이다.

　식품 등의 표시·광고에 관한 법률 제16조도 허위·과대 표시·광고를 한 영업자에게 영업정지를 명할 수 있고, 제17조는 영업정지 2개월 이상의 경우 영업정지와 함께 판매금액에 상응하는 과징금 부과가 가능하다. 단순히 영업을 중단시키는 것이 아니라, 위반으로 얻은 경제적 이익을 박탈하는 제도가 확립되어 있다.

담배사업법은 어떠한가? 제23조부터 제25조까지 형사 처벌 규정만 있을 뿐, 영업정지나 허가 취소 같은 행정 제재 규정은 극히 제한적이다. 과징금 부과 규정은 아예 존재하지 않는다. 국민건강증진법 제34조가 담배 광고 금지 위반 등에 대해 500만 원 이하의 과태료를 부과하고 있으나, 이는 위반행위로 얻은 수익과는 무관한 정액 제재에 불과하다.

담배사업법이 개정되어 합성니코틴이 담배의 정의에 포함되면, 그때부터는 액상형 전자담배 판매자도 담배 판매업자로 관리할 수 있을 것이다. 그러나 그것만으로는 부족하다. 현행법상 담배 판매업자에 대한 행정 제재 규정도 미흡하기 때문이다. 청소년 판매 금지 위반, 무허가 판매 등에 대한 명확하고 강력한 행정 제재 근거가 마련되어야 한다. 특히 식품위생법이나 식품표시광고법처럼 위반으로 인한 판매액에 상응하는 과징금 부과 제도를 도입해야 한다. 형사 처벌만으로는 위법 수익을 환수할 수 없고, 위법 행위의 경제적 유인을 제거할 수 없기 때문이다.

담배 정의 개정은 모든 관리의 첫걸음

결국 담배사업법 제2조의 담배 정의 개정은 시작에 불과하다. 합성니코틴을 포함시키는 것만으로는 문제가 해결되지 않는다. 합성니코틴 유사물질까지 포괄할 수 있는 정의 규정이 필요하고, 처벌 조항을 대폭 강화해야 하며, 부당이득 환수 규정을 신설해야 하고, 판매업자에 대한 실효성 있는 행정 제재 근거를 마련해야 한다.

그러나 현재 이러한 종합적인 개정 논의는 이루어지지 않고 있다. 담배의 정의에 합성니코틴을 포함시키는 개정안만 논의될 뿐, 그와 함께 반드시 개정되어야 할 처벌 규정, 환수 규정, 행정 제재 규정에 대해서는 아무런 움직임이 없다. 이는 또 다른 법의 허점을 만들어낼 것이며, 청소년 보호라는 목적은 여전히 달성되지 못할 것이다. 담배사업법의 개정은 부분적 수정이 아니라 국민건강 보호를 중심으로 한 전면적 재편이 되어야 한다.

3
세금징수의 보조역할인 국민건강증진법의 한계

국민건강증진법의 보조적 성격

국민건강증진법은 1995년 제정 당시부터 담배 규제를 주요 내용으로 포함하고 있었다. 현재 이 법에서는 담배에 관한 경고문구 등의 표시를 의무화하고, 담배에 관한 광고를 금지 또는 제한하며, 담배 자동판매기 설치를 제한하고, 담배 제조자 등의 금연교육 및 광고 의무를 규정하고 있다. 이 밖에 흡연 경고 그림 표시, 가향물질 함유 표시 제한도 담고 있다.

분명하게 이 법에서는 담배 규제를 위한 상당한 조항들이 존재하는 것처럼 보인다. 그러나 이러한 규정들의 실질적 기능을 분석해 보면, 국민건강증진법은 담배 정책의 주도적 역할보다는 담배사업법이라는 조세 목적 법령의 보조적 역할에 머물러 있다는 것을 알 수 있다.

국민건강증진부담금의 본질

국민건강증진법 제23조는 담배 제조자 또는 수입판매업자에게 국민건강증진부담금을 부과한다. 담배 가격의 약 18.7%를 차지하는데, 이 부담금은 법 명칭상 '건강증진'을 위한 것이지만, 실질적으로는 또 다른 세금으로 기능한다.

문제는 이 부담금의 부과 대상이 담배사업법상 담배로 정의된 제품에만 한정된다는 점이다. 합성니코틴을 사용한 액상형 전자담배는 담배사업법상 담배가 아니므로, 국민건강증진부담금 부과 대상에서 제외된다. 결과적으로 국민건강증진법의 담배 규제는 담배사업법의 담배 정의에 종속되어 있는 것이다. 국민건강을 보호하기 위한 법이 세금 징수를 위한 법의 틀 안에서만 작동하는 모순적 구조다.

처벌 조항의 빈약함

국민건강증진법의 처벌 조항 역시 매우 빈약하면서 게다가 아주 제한적이고 약하다. 제34조는 경고문구 미표시, 광고 금지 위반 등에 대해 500만 원 이하의 과태료를 부과한다. 흡연 경고 그림을 표시하지 않거나 가향물질 함유 표시 제한을 위반해도 마찬가지다. 500만 원의 과태료는 담배 판매로 얻는 수익에 비하면 미미한 수준이다. 수조 원의 매출을 내는 담배 회사에 몇백만 원을 부과하는 것은 너무 초라해 보이기까지 하다.

더욱 문제인 것은 형사 처벌 규정이 거의 없다는 점이다. 제33조는 금연지도원이 직무상 알게 된 비밀을 누설한 경우에만 1년 이하의 징역 또는 1천만 원 이하의 벌금을 부과한다. 담배 제조자나 판매자의 위반 행위에 대한 형사처벌은 존재하지 않는다. 과태료만으로는 실질적인 제재 효과를 기대하기 어렵다.

국민건강증진법에는 영업정지, 허가 취소, 과징금 부과 같은 실효적인 행정 제재 수단이 없다. 경고문구를 표시하지 않거나 광고 금지를 위반해도 과태료, 즉 돈만 내면 그만이다. 지속적·반복적 위반에 대한 가중 처벌도, 위반으로 얻은 경제적 이익을 환수하는 제도도 없다.

담배사업법과의 연관성 문제

국민건강증진법의 담배 규제는 담배사업법과 긴밀하게 연결되어 있어야 작동한다. 경고문구 표시나 광고 제한은 담배사업법상 제조업 허가를 받은 사업자를 전제로 한다. 그런데 담배사업법은 사업자 신고와 관리, 세금 징수에 초점이 맞춰져 있고, 국민건강 보호는 부차적이다.

결과적으로 국민건강증진법의 담배 규제는 담배사업법의 사업자 관리 체계에 의존하면서도, 정작 실효적인 제재 수단은 갖추지 못한 어정쩡한 위치에 있다. 담배사업법에서는 영업자 신고와 허가 절차가 중요하지만, 국민건강증진법은 이러한 행정 절차와 유기적으로 연결되어 있지 않다. 두 법령 간의 연관성이 떨어져 규제의 실효성이 저하되는 것이다.

담배유해성관리법으로의 규제 조항 통합 필요성

이러한 문제를 근본적으로 해결하기 위해서는 담배 규제 체계의 전면적인 재편이 필요하다. 국민건강증진법에 산재되어 있는 담배 관련 규제 조항들을 담배의 유해성 관리에 관한 법률로 전부 이관하는 방안을 적극적으로 검토해야 한다.

2025년 11월 1일 시행될 담배유해성관리법은 담배의 과학적 관리와 유해성분 규제를 목적으로 제정되었다. 이 법에 경고문구 표시, 광고 제한, 흡연 경고 그림, 가향물질 규제 등 국민건강증진법의 담배 규제 조항을 모두 통합하면, 담배 규제가 하나의 법령 체계 안에서 일관되고 체계적으로 이루어질 수 있다.

동시에 담배유해성관리법에 강력한 처벌 조항과 행정 제재 규정을 신설해야 한다. 식품위생법이나 약사법 수준의 형사 처벌과 과징금 제도를 도입하고, 영업정지·허가 취소 등 실효적 제재 수단을 마련해야 한다. 담배사업법의 영업자 관리 체계와 유기적으로 연결하되, 국민건강 보호라는 명확한 목적 아래 통합적인 규제가 이루어지도록 해야 한다.

국민건강증진법은 원래 목적인 보건교육, 질병 예방, 영양개선 등 포괄적 건강증진사업에 집중하고, 담배 규제는 전문적이고 강력한 단일 법령 체계로 재편하는 것이 합리적이다. 이것이 진정으로 국민건강을 최우선으로 하는 담배 규제 체계를 구축하는 길이다.

4
지방자치단체 예산의 근간이 되는 담배

담배 가격 구조 속의 지방세

담배의 가격 구조를 들여다보면 놀라운 사실을 발견하게 된다. 담배 한 갑에 부과되는 세금과 부담금은 약 3,323원으로 전체 가격의 약 74%를 차지한다. 이 중 지방세가 차지하는 비중이 상당하다.

담배소비세는 담배 1갑당 부과되는 세금의 약 1/3이 지방세다. 지방교육세는 역시 지방세에 해당한다. 두 세금을 합치면 담배 가격의 32.2%에 달한다. 개별소비세, 부가가치세, 국민건강증진부담금 등 국세와 부담금을 제외하고도, 지방세만으로 담배 가격의 3분의 1을 차지하는 것이다.

 이러한 구조는 담배가 지방재정에서 차지하는 중요성을 보여준다. 지방세 통계연감에 따르면 담배소비세 세수는 2011년 2조 7,850억 원에서 2021년 3조 5,579억 원으로 10년 사이 약 8,000억 원 증가했다. 여기에 지방교육세를 더하면 연간 약 4조 원 이상의 세수가 지방자치단체로 들어간다. 이는 지방자치단체의 주요 세수원 중 하나로 결코 포기할 수 없는 수준이다.

금연 정책과 지방세수의 딜레마

 여기서 근본적인 이해 상충이 발생한다. 국민건강 보호를 위해서는 흡연율을 낮춰야 한다. 담배 가격을 대폭 인상하고, 강력한 규제를 통해 담배 접근성을 제한하며, 금연 교육과 홍보를 확대해야 한다. 이상적으로는 담배 판매량이 '0'에 가까워지는 것이 국민건강을 위해 최선이다.

 그러나 지방자치단체의 입장은 다르다. 담배 판매량이 줄어들면 지방세수가 감소한다. 연간 4조 원이 넘는 세수가 사라지는 것이다. 이를 대체할 다른 세원을 찾기는 쉽지 않다. 결과적으로 지방자치단체는 담배 판매량 감소를 반기기 어려운 구조적 모순에 빠져 있다.

실제로 정부의 담배 정책을 보면 이러한 딜레마가 명확히 드러난다. 2015년 담배 가격이 2,000원에서 4,500원으로 인상되었을 때, 명분은 '국민건강 보호'였다. 그러나 실제로는 세수 확보가 주된 목적이었다는 분석이 지배적이다. 2014년 한국조세재정연구원의 '담배 과세의 효과와 재정' 연구에 따르면, 담배 가격이 4,500원일 때 세금이 가장 많이 걷히는 것으로 나타났다. 가격 인상 직후 일시적으로 판매량이 감소했지만, 이내 회복되면서 세수는 오히려 대폭 증가했다. 2014년 담배 관련 세수가 약 7조 원이었던 것이 2016년에는 11조 원을 넘어섰다고 한다.

만약 진정으로 국민건강을 최우선으로 한다면, 담배 가격을 1갑당 유럽이나 호주 수준으로 올리거나, 담배 판매처를 대폭 제한하거나, 공공장소 흡연을 전면 금지하는 등 더욱 강력한 조치를 취해야 한다. 그러나 이러한 정책은 지방세수의 급격한 감소를 초래하기 때문에 실행되지 못하고 있다.

담배사업법과 지방세법의 우선순위 문제

현행 법체계에서 담배사업법은 사업자 관리와 세금 징수를 주목적으로 한다. 지방세법은 담배소비세와 지방교육세를 규정하며 지방재정 확보에 기여한다. 이 두 법령은 담배를 '세수의 원천'으로 바라본다.

반면 국민건강증진법과 담배유해성관리법은 국민건강 보호를 목적으로 한다. 담배 소비를 줄이고, 흡연으로 인한 건강 피해를 최소화하려는 것이 이 법령들의 존재 이유다.

문제는 현실에서 담배사업법과 지방세법이 국민건강 관련 법령보다 우선시된다는 점이다. 담배 정책의 주무 부처인 기획재정부는 재정 당국이다. 담배 가격 결정, 세율 조정, 담배 정의 개정 등 주요 정책은 모두 기획재정부 소관이다. 보건복지부는 국민건강 보호를 담당하지만, 담배 정책의 핵심 결정권은 갖고 있지 않다.

국회에서도 담배사업법은 기획재정위원회 소관이다. 담배 관련 법안이 논의될 때, 국민건강보다는 세수 영향이 더 중요한 고려사항이 되는 이유다. 지방자치단체도 담배소비세 감소를 우려해 강력한 금연 정책에 소극적이다. 일부 지자체는 담배 가격 인상에 반대 입장을 표명하기도 했다.

가치의 우선순위 재정립 필요성

국민의 생명과 건강은 그 무엇과도 바꿀 수 없는 최고의 가치다. 지방재정도 중요하지만, 국민건강보다 우선할 수는 없다. 담배로 인한 사회적 비용은 세수를 훨씬 초과한다. 흡연 관련 질병의 의료비, 조기 사망으로 인한 생산성 손실, 간접흡연 피해 등을 모두 합치면 연간 수십조 원에 달한다는 연구 결과도 있다.

따라서 담배 관련 법령 체계를 전면적으로 재편할 때, 가치의 우선순위를 명확히 해야 한다. 담배사업법과 지방세법이 국민건강을 위한 담배 규제 법령보다 우선시되어서는 안 된다. 오히려 담배사업법의 목적을 '국민건강 보호'로 전환하고, 지방세 의존도를 낮추기 위한 대체 세원 개발에 나서야 한다.

일부 국가들은 이미 이러한 전환을 시도하고 있다. 뉴질랜드는 2025년까지 '담배 없는 세대(Smokefree Generation)' 정책을 추진하며, 2009년 이후 출생자에게는 평생 담배를 판매하지 않겠다고 선언했다. 이는 장기적으로 담배 관련 세수가 '0'이 된다는 것을 의미한다. 그럼에도 국민건강을 최우선 가치로 삼은 것이다.

대한민국도 이제는 선택해야 한다. 지방세수 확보를 위해 담배를 은

밀하게 조장할 것인가, 아니면 국민건강을 위해 담배를 퇴출시킬 것인가. 현행 법체계는 전자를 택하고 있다. 담배사업법과 지방세법이 실질적으로 담배 정책을 주도하고, 국민건강증진법과 담배유해성관리법은 보조적 역할에 머물러 있다.

이러한 구조를 근본적으로 바꿔야 한다. 담배 관련 모든 법령의 최우선 목적을 '국민건강 보호'로 명확히 하고, 세수 확보는 부차적 고려사항으로 삼아야 한다. 지방세수 감소는 다른 방법으로 보전하되, 국민건강만큼은 타협하지 않는 원칙을 세워야 한다. 그것이 진정으로 국민을 위한 국가의 역할이다.

5

국민 건강을 위한
담배유해성 관리에 관한 법률의 한계

새로운 시작, 그러나 불완전한 출발

 2023년 10월 31일 제정된 담배의 유해성 관리에 관한 법률이 2025년 11월 1일 시행된다. FCTC(담배규제기본협약) 권고에 따라 10년이 넘는 시간을 거쳐 어렵게 제정된 이 법률은 대한민국이 담배를 세금의 수단이나 사업자 관리 방법으로만 인식하던 것에서 벗어나 국민 건강을 위한 금연정책을 적극 시행하는 시발점이 될 것이다.

 그러나 과연 제대로 시행될지 우려가 크다. 이 법률의 집행을 위한 준비는 심각하게 부족한 상태다. 시행령과 시행규칙, 법 제11조 제2항에 따라 식품의약품안전처장이 정하여 고시해야 할 유해성분 목록조차 최종 확정되지 않았다. 법은 만들어졌지만, 법을 실행할 구체적인 규칙은 여전히 공백 상태인 것이다.

제11조 제2항 고시 미확정의 문제

담배유해성관리법 제11조 제1항은 "제조자등은 2년마다 연도 개시 후 6개월 이내에 판매 중인 담배에 대하여 품목별로 유해성분의 함유량에 관한 검사를 제16조에 따른 검사기관에 의뢰하여야 한다"고 규정한다. 그리고 제2항은 "제1항에 따른 검사의 대상이 되는 유해성분은 식품의약품안전처장이 정하여 고시한다"고 규정하고 있다.

이 조항의 핵심은 '유해성분'을 어떻게 정의하고, 어떤 물질들을 검사 대상으로 할 것인가다. 식품의약품안전처는 2025년 6월 11일 〈담배유해성분 등에 관한 규정〉 제정고시(안)을 행정예고하면서 44종의 유해성분을 제시했고, 의견 제출 기한을 2025년 7월 1일로 설정했다. 그러나 여전히 부족함이 느껴져서인지 이후 2025년 10월 1일자 공문을 통해 다시 의견을 요청하는 상황이 발생했다.

여기서 중대한 법적 문제가 발생한다. 행정절차법 제43조는 "입법에

고기간은 예고할 때 정하되, 특별한 사정이 없으면 40일 이상으로 한다"고 규정하고 있다. 이미 7월 1일로 의견 제출 기한이 종료된 행정예고에 대해, 추가로 공문을 통해 의견을 받는 것이 적법한 절차인지 명확하지 않다. 만약 타르의 유해성분 포함 여부 등 중요한 사안에 대해 충분한 의견 수렴이 필요하다면, 적법한 절차에 따라 다시 행정예고를 진행해야 한다. 그렇지 않으면 법 시행 후 절차적 하자를 이유로 한 소송이 제기될 위험이 있다.

타르 문제: 법적 논란의 대표적 사례

제11조 제2항 고시와 관련해 대표적인 법적 논란이 되고 있는 것이 바로 '타르'의 유해성분 해당 여부다. 담배사업법 시행규칙 제16조의3은 타르를 담배 성분으로 규정하고 있다. 그러나 담배유해성관리법 제11조 제2항은 검사 대상을 '유해성분'으로 특정하고 있다.

타르(Tar)는 Total Aerosol Residue(총 에어로졸 잔여물)의 약자로, 담배연기에서 니코틴과 수분을 제외한 물질의 총량을 의미한다. 약 2,000종의 독성 화학물질을 포함하는 유해성분을 많이 포함하고 있는 것은 사실이다. 그러나 전자담배 등 담배의 종류에 따라 타르에는 인체에 무해한 글리세롤 같은 물질도 포함되어 있다.

식품의약품안전처 스스로도 2017년 4월 11일 보도자료를 통해 발표한 내용에서 "타르는 담배연기 중의 총입자상물질에서 수분과 니코틴을 뺀 다양한 유해물질의 복합체로서, 단일한 독성물질로 표현할 수 없음"이라고 밝힌 바 있다. 타르는 단일 '성분'이 아니라 여러 성분의 '집합체'인 것이다.

대법원은 침익적 행정처분(상대방에게 불리한 처분)의 근거가 되는 법령은 엄격하게 해석해야 한다는 원칙을 확립하고 있다(대법원 2021. 11. 11. 선고 2021두43491 판결 등). 이는 처분 영업자, 즉 국민에게 불리한 방향으로 지나치게 확대해석하거나 유추해석해서는 안 된다는 의미다.

만약 타르를 '유해성분'으로 간주해 검사를 의무화하고 이를 위반한 영업자를 처벌한다면, 영업자는 "타르는 유해성분과 무해성분이 섞인 집합체이므로 법 제11조 제2항의 '유해성분'에 해당하지 않는다"는 주장을 제기할 것이다. 법원이 이를 받아들이면 행정처분은 위법하게 되어 취소되고, 법령은 더 이상의 기능을 수행할 수 없게 된다.

타르 문제는 단순히 하나의 물질에 관한 논란이 아니다. 이는 담배유해성관리법의 핵심 개념인 '유해성분'을 어떻게 정의하고 해석할 것인가 하는 근본적인 법리 문제를 보여주는 사례다. 이러한 법적 불명확성이 해소되지 않으면, 법 시행 후 수많은 소송이 제기될 것이고, 국민건강과 소비자 알권리 보호를 위해 어렵게 제정된 법령이 무용지물이 될 수 있다.

다부처 관여로 인한 집행의 복잡성과 불협화음 우려

담배유해성관리법의 또 다른 구조적 문제는 법령의 집행 주체가 복수 부처로 분산되어 있다는 점이다. 이 법의 주무 부처는 식품의약품안전처와 보건복지부다. 제11조의 유해성분 검사와 제14조의 정보 공개는 식품의약품안전처장의 소관이고, 제4조의 기본계획 수립은 보건복지부장관의 소관이다.

그런데 여기에 기획재정부까지 관여하게 되어 있다. 담배의 정의는 담배사업법에 따르고, 담배사업법의 주무 부처는 기획재정부이기 때문이다. 또한 담배 관련 세금 정책, 가격 결정 등 주요 사안은 기획재정부가 관할한다.

문제는 이 세 부처의 목적과 업무 성격이 근본적으로 다르다는 점이다. 식품의약품안전처는 독성물질 평가와 시험 검사에 대한 전문성을 갖춘 기술 중심 기관이다. 담배 유해성분의 과학적 분석, 검사 방법의 표준화, 검사 결과의 검증 등 기술적 문제를 중점적으로 다루는 것이 식약처의 강점이자 주된 관심사다. 그러나 유해성분 검사 결과를 바탕으로 국민 보건을 위한 종합적인 정책을 수립하고 추진하는 데는 상대적으로 약할 수밖에 없다. 식약처의 업무는 본질적으로 '검사와 평가'라는 기술적·과학적 영역에 집중되어 있기 때문이다.

반면 보건복지부는 국민건강 증진이라는 보다 광범위하고 대승적인 정책 추진을 목표로 한다. 유해성분 검사는 수단이지 목적이 아니다. 검사 결과를 바탕으로 금연 정책을 수립하고, 국민 건강 보호를 위한 종합적인 전략을 마련하며, 흡연율을 낮추기 위한 다각적인 사회 정책을 추진하는 것이 보건복지부의 역할이다. 보건복지부는 성분 검사라는 기술적 문제를 넘어서, 그 결과를 어떻게 국민건강 증진으로 연결시킬 것인가 하는 정책적 비전을 다룬다.

이러한 차이는 법 집행 과정에서 관점의 차이로 나타날 수 있다. 식약처는 "이 성분을 어떻게 정확히 검사하고 평가할 것인가"에 집중할 수 있고, 보건복지부는 "이 검사 결과를 어떻게 금연 정책에 활용할 것인가"를 우선시할 수 있다. 전자가 과학적 정확성을 추구한다면, 후자는 정책적 실효성을 중시한다. 둘 다 중요하지만, 우선순위와 접근 방식이 다를 수 있다.

여기에 기획재정부의 입장은 또 다르다. 재정 당국인 기획재정부에게 담배로부터 발생하는 연간 11조 원 이상의 세수는 국가 재정에서 중요한 부분을 차지한다. 특히 담배소비세와 지방교육세는 지방자치단체의 주요 재원이다. 기획재정부 입장에서는 세수 확보도 중요한 고려사항일 수밖에 없다. 보건복지부가 강력한 금연 정책을 추진하려 할 때, 기획재정부는 담배 판매량 감소로 인한 세수 감소를 우려할 수 있다. 식약처가 엄격한 유해성분 기준을 적용하려 하면서 성분 공개를 기술적으로 진행하려고 할 때, 보건복지부는 금연정책적 문제를 고려해서 정보 공개 범위에 대한 다른 의견을 가질 수 있고, 기획재정부는 담배 산업에 미치는 영향을 고려할 것이다.

결국 담배유해성관리법은 기술 중심의 식약처, 정책 중심의 보건복지부, 재정 중심의 기획재정부가 각자의 목적과 관점을 가지고 관여하는 복잡한 구조다. 담배 규제는 국민건강이라는 단일한 목표 아래 통합적으로 추진되어야 하지만, 현행 법체계는 세 부처가 서로 다른 우선순위를 가지고 참여하도록 되어 있어, 법 집행 과정이나 정책 추진 과정에서 부처 간 이견과 조율 지연이 발생할 우려가 크다. 이는 결국 법의 실효성을 저해하는 요인이 될 것이다.

시행령과 시행규칙의 부재로 인한 법 집행 불가능 상태

담배유해성관리법 제14조 제1항은 "식품의약품안전처장은 검사결과서등을 검토한 후 담배 품목별 유해성분에 관한 정보를 누구든지 쉽게 볼 수 있도록 공개하여야 한다"고 규정한다. 그리고 제2항은 "제1항에 따른 유해성분에 관한 정보의 공개 범위, 공개 시기 및 방법, 그 밖에 공개에 필요한 사항은 대통령령으로 정한다"고 명시한다.

그러나 현재까지 이 법의 시행령은 확정되지 않았다. 유해성분 정보를 언제, 어떤 범위에서, 어떤 방법으로 공개할 것인지에 대한 구체적 기준이 없는 것이다. 시행규칙 역시 마찬가지다. 법은 2025년 11월 1일 시행되지만, 실제로 법을 집행하기 위한 세부 규정은 여전히 공백 상태다. 이 책이 출간되고, 11월이 되면 반드시 책 내용이 잘못된 것으로 판명될 수 있도록 시행령과 시행규칙이 정상적으로 작동되기를 바란다.

그런데 만일 하위법령이 제정되지 못하는 상황이 지속된다면 과연 어떤 일이 발생하게 될까? 첫째, 의무 이행의 강제가 불가능해진다. 담배 제조업자는 법 제11조에 따라 2년마다 유해성분 검사를 받아야 한다. 그런데 시행령에서 구체적인 검사 방법, 검사 항목의 세부 기준, 검사 결과 제출 양식, 제출 절차 등을 정하지 않으면, 제조업자는 무엇을 어떻게 해야 하는지 알 수 없다. "법을 지키고 싶어도 지킬 방법을 모르는" 상황이 되는 것이다.

둘째, 처벌과 제재가 불가능해진다. 만약 제조업자가 검사를 하지 않았다고 하자. 식품의약품안전처는 법 제28조에 따라 1년 이하의 징역 또는 1천만 원 이하의 벌금으로 처벌할 수 있다. 그런데 시행령에서 검사 방법을 정하지 않은 상태에서 "검사를 하지 않았다"는 것을 어떻게 입증할 것인가? 제조업자는 "무엇을 검사해야 하는지, 어떤 방법으로 검사해야 하는지 명확하지 않았기 때문에 검사를 할 수 없었다"고 항변할 것이다. 법원은 이를 받아들일 가능성이 높다. 처벌의 근거가 되는 법령은 명확해야 하기 때문이다.

셋째, 법령의 중요한 목적인 담배 유해성분 정보 공개도 불가능해진다. 법 제14조는 유해성분 정보를 공개하도록 했지만, 시행령에서 공개 범위를 정하지 않으면 식품의약품안전처는 어디까지 공개해야 하는지 알 수 없다. 전체를 공개해야 하는가, 일부만 공개해야 하는가? 영업비밀은 어떻게 보호하는가? 공개 시기는 검사 직후인가, 일정 기간 후인가? 공개 방법은 홈페이지 게시인가, 보도자료 배포인가? 이 모든 것이 불명확하다.

만약 식품의약품안전처가 자의적으로 판단해 일부만 공개했다면, 소비자단체는 "법은 공개하라고 했는데 왜 일부만 공개하는가"라고 문제 제기할 것이다. 반대로 전체를 공개했다면, 제조업자는 "영업비밀이 침해되었다"며 행정소송을 제기할 것이다. 시행령이 없으면 식품의약품안전처는 어떻게 하더라도 법적 분쟁에 휘말릴 수밖에 없다.

이러한 단순히 기우가 아니다. 실제로 다른 법령에서 시행령 미비로 인한 집행 불가 사례가 있었다. 예를 들어, 2016년 제정된 〈가습기살균제 피해구제를 위한 특별법〉은 시행령 제정이 지연되면서 피해 인정 기준, 구제급여 지급 절차 등이 명확하지 않아 법 시행 후에도 실제 피해 구제가 이루어지지 못하는 문제가 발생했다. 피해자들은 법이 만들어졌음에도 불구하고 구제를 받지 못했고, 정부는 "시행령이 없어서 집행할 수 없다"는 답변만 반복했다.

또한 2020년 개정된 〈식품 등의 표시·광고에 관한 법률〉도 시행령 제정 지연으로 새로운 표시 기준이 언제부터 어떻게 적용되는지 불명확해 영업자들의 혼란을 초래했다. 일부 영업자는 새 기준을 적용했고, 일부는 구 기준을 계속 사용했으며, 단속 기준도 일관되지 않아 법적 분쟁이 다수 발생했다.

담배유해성관리법도 시행령과 시행규칙이 확정되지 않은 채 시행되면 동일한 문제에 직면할 것이 명백하다. 법은 존재하지만 집행할 수 없는 상태, 즉 '사문화된 법'이 될 위험이 크다.

그런데 이와 관련된 문제가 더 있다. 바로 고시 제정의 문제다. 제11조 제2항에 따라 식품의약품안전처장이 정하는 유해성분 고시는 법 집행의 핵심이다. 그런데 이 고시가 행정절차법상 적법한 절차를 거치지 않았다면, 고시 자체의 효력이 문제될 수 있다. 앞서 살펴본 것처럼 2025년 6월 11일 행정예고 후 7월 1일 의견 제출 기한이 종료되었는데, 다시 10월 1일 공문으로 의견을 요청하는 것은 행정절차법 제43조의 예고기간 규정에 부합하지 않을 가능성이 있다.

만약 고시가 절차적 하자로 무효가 된다면, 제11조에 따른 검사 대상 유해성분 자체가 확정되지 않은 것이 되고, 법 전체가 작동 불능 상태에 빠진다. 제조업자는 "무엇을 검사해야 하는지 법적으로 확정되지 않았으므로 검사 의무가 없다"고 주장할 것이고, 식품의약품안전처는 이를 반박할 법적 근거를 잃게 된다.

시행령, 시행규칙, 고시는 단순한 '부속 규정'이 아니다. 이들은 법을 현실에서 작동하게 만드는 필수적인 장치다. 이것들 없이는 법은 그저 종이 위의 문장에 불과하다. 담배유해성관리법이 2025년 11월 1일 시행된다고 해서 자동으로 법이 집행되는 것이 아니다. 시행령과 시행규칙이 완비되고, 고시가 적법하게 확정되어야만 비로소 법이 현실에서 작동할 수 있다. 불완전한 법 시행은 법 불신을 초래하고, 국민건강 보호라는 입법 목적을 달성할 수 없으며, 오히려 무질서와 혼란만 가중시킬 것이다.

처벌 조항의 한계

담배유해성관리법의 처벌 조항도 미흡하다. 제28조는 유해성분 검사 의무를 위반한 자에게 1년 이하의 징역 또는 1천만 원 이하의 벌금을 부과한다. 제29조는 각종 신고 의무 위반에 대해 500만 원 이하의 과태료를 규정한다.

이 정도의 처벌 수준으로는 실효성이 없다. 연간 수억 원, 수십억 원의 수익을 올리는 담배 제조업자나 수입업자에게 1천만 원의 벌금이나 500만 원의 과태료는 미미한 수준이다. 식품위생법이나 약사법이 10년 이하의 징역, 1억 원 이하의 벌금을 규정하는 것과 비교하면 현저히 약하다.

더욱이 영업정지, 허가 취소, 과징금 부과 같은 강력한 행정 제재 수단도 없다. 유해성분 검사를 하지 않거나 허위로 보고해도 벌금만 내면 그만이다. 위반으로 얻은 경제적 이익을 환수할 방법도 없다. 이러한 미약한 제재 수준으로는 법 준수를 기대하기 어렵다.

합성니코틴과 신종 담배 대응 부족

이것만 문제가 아니다. 담배유해성관리법은 담배의 정의를 담배사업법에 의존하고 있다. 그런데 앞서 살펴본 것처럼 담배사업법의 담배 정의는 합성니코틴을 포함하지 못하고 있으며, 니코틴 유사물질도 제외되어 있다. 국회에서 합성니코틴을 포함하는 개정안이 논의 중이지만, 개정되더라도 유사물질 문제는 남는다.

담배유해성관리법이 제대로 작동하려면, 규제 대상인 '담배'의 범위가 명확하고 포괄적이어야 한다. 그러나 현재는 담배사업법의 불완전한 정의에 의존하고 있어, 액상형 전자담배나 니코틴 파우치 같은 신종 담배에 대한 유해성 관리가 불가능하거나 매우 제한적일 수밖에 없다.

결론: 완벽한 준비 없이는 완벽한 실패

담배유해성관리법은 대한민국 담배 규제의 역사에서 중요한 전환점이 될 수 있는 법이다. 그러나 시행을 불과 몇 개월 앞둔 현재, 이 법은 불완전한 상태다. 시행령과 시행규칙이 확정되지 않았고, 핵심 고시는 법적 논란에 휩싸여 있으며, 처벌 조항은 미약하고, 규제 대상의 정의는 불명확하다.

2025년 11월 1일 법이 시행되더라도, 실제로는 집행할 수 없거나 소송에 휘말려 형해화될 위험이 크다. 법을 만드는 것보다 법을 제대로 집행하는 것이 더 중요하다. 담배유해성관리법이 진정으로 국민건강을 지키는 법이 되려면, 시행 전에 모든 법적 문제를 해결하고, 명확하고 강력한 시행령·시행규칙·고시를 마련하며, 처벌 조항을 대폭 강화하고, 담배사업법과의 정합성을 확보해야 한다. 불완전한 법 시행은 차라리 시행하지 않는 것만 못하다.

| 제2장 |

대한민국 담배법은 사업자를 위한 법이다

1
담배법의 근간 담배사업법의 내용 분석

법률 제정 배경과 목적

담배사업법은 1988년 12월 31일 제정되어 1989년 1월 1일부터 시행되었다. 이 법은 종전의 담배전매법을 개편하면서 제조담배의 독점체제를 유지하되, 수입·판매에는 자율성을 부여하고 잎담배 생산농가를 보호하기 위해 탄생했다. 당시 정부가 자본금 4조 원의 과반수를 차지하는 한국담배인삼공사를 설립하면서 담배 사업의 큰 전환점을 맞이했다.

제정 당시 담배사업법 제1조는 담배의 제조·수입·판매 및 국산 잎

담배의 생산·수매에 관한 사항을 정함으로써 담배산업의 건전한 발전을 도모하고 국민경제에 이바지함을 목적으로 한다고 명시했다. 이는 담배산업 발전과 국민경제 이바지를 위한 것으로 정부와 공급자를 위한 법령이며, 흡연자나 비흡연자인 소비자가 제외되어 있다는 특징이 있다.

담배의 정의와 범위

담배사업법상 담배의 정의는 시대에 따라 계속 변화해 왔다. 1956년 연초전매법 제정 당시에는 연초, 엽연초, 제조연초의 정의만 존재했으나, 1981년 담배전매법 개정을 통해 담배, 잎담배, 제조담배, 담배유사품, 담배부산물 등으로 세분화되었다.

현행 담배사업법 제2조는 "담배란 연초의 잎을 원료의 전부 또는 일부로 하여 피우거나, 빨거나, 증기로 흡입하거나, 씹거나, 냄새 맡기에 적합한 상태로 제조한 것"으로 정의한다. 2014년 개정에서는 '증기로 흡입하거나'를 추가하여 전자담배를 포함시켰으며, '저발화성담배' 개념도 도입했다.

하지만 지금의 담배사업법상 담배의 정의에는 합성 니코틴이 포함되어 있지 않아, 이를 사용한 액상형 전자담배는 현행법상 담배에 포함되지 않는다. 그래서 경고 문구 표시나 온라인 판매금지 등의 규제를 피해가는 문제가 있다. 이에 따라 담배의 정의를 '연초 또는 니코틴'을 사용하는 것으로 확대해야 한다는 개정 논의가 이 책을 쓰고 있는 지금도 지속되고 있다.

담배제조업 허가 기준

담배제조업을 영위하려는 자는 기획재정부장관의 허가를 받아야 한다. 담배사업법 시행령 제4조는 허가기준으로 ① 자본금 300억 원 이상, ② 연간 50억 개비 이상 제조시설, ③ 3년 이상 경력의 전문기술인력 5인 이상, ④ 품질관리 실험설비 구비 등을 규정하고 있다.

이러한 높은 진입장벽에 대해 2005년 한국담배 주식회사가 허가신청 거부처분 취소소송을 제기했다. 1심은 직업선택의 자유 침해를 인정했으나, 2심과 대법원은 국민건강 보호와 조세징수 확보라는 공익이 사익보다 크며, 자본금 기준이 현저히 부당하지 않다는 이유로 시행령의 효력을 인정했고, 이후 글로벌 기업을 제외하면 대한민국에는 하나의 담배회사만 존재하게 된다.

담배의 유통구조

담배사업법은 담배의 유통을 엄격하게 규제한다. 제조업자나 수입판매업자는 소비자에게 직접 판매할 수 없으며, 도매업자나 소매인에게만 판매할 수 있다. 담배도매업과 수입판매업을 하려는 자는 시·도지사 또는 시장·군수·구청장에게 등록해야 한다.

소매업은 시장·군수·구청장으로부터 소매인 지정을 받아야 하며, 소매인 영업소 간 거리를 50미터 이상으로 유지해야 한다. 또한 소매인은 우편판매나 전자거래 방법으로 담배를 판매할 수 없다. 이 규정과 관련해서 대법원은 적법하게 건축된 점포에서만 소매인 지정을 받을 수 있도록 한 규정이 담배유통질서 확립을 위해 정당하다고 판시했다.

담배의 표시와 광고 규제

담뱃갑의 포장지에는 '흡연은 건강에 해롭다'는 내용의 경고문구를 반드시 표시해야 한다. 담배 성분 표시는 타르와 니코틴으로 제한되어 있으며, ISO 기준에 따라 측정해야 한다. 담배사업법 제25조의5는 '라이트', '마일드', '저타르' 등 담배의 위험을 경시하게 하는 오도문구 사용을 금지한다.

담배광고는 시행령으로 제한된다. ① 소매인 영업소 내부 광고물, ② 연간 10회 이내 잡지광고, ③ 사회·문화 행사 후원, ④ 국제선 항공기 내 광고만 허용된다. 광고 내용도 비흡연자에게 흡연을 권장하거나 여성·청소년을 묘사해서는 안 된다.

형사처벌 및 행정처분

담배사업법 위반행위에 대한 처벌은 다른 보건법령과 비교할 때 너무나 경미하다. 무허가 담배제조가 최고형으로 3년 이하 징역 또는 3천만 원 이하 벌금이며, 경고문구 미표시나 불법광고는 1년 이하 징역 또는 1천만 원 이하 벌금에 처한다.

행정처분으로는 제조업자에 대한 허가취소 및 영업정지, 도매업자에 대한 등록취소 및 영업정지, 소매인에 대한 지정취소 및 영업정지가 있다. 특히 청소년에게 담배를 판매한 소매인은 7일의 영업정지를 받으나, 신분증 위조나 폭행·협박으로 청소년임을 알지 못한 경우에는 영업정지가 면제된다. 5년간 2회 영업정지를 받은 후 다시 위반하면 지정취소 처분을 받게 된다.

2
담배사업법과 다른 보건법령의 차이점

품목허가 또는 신고제도의 부재

담배사업법은 식품위생법이나 약사법과 달리 개별 품목에 대한 사전 허가나 신고제도가 존재하지 않는다. 담배사업법 제11조는 담배제조업 허가만을 규정할 뿐, 개별 제품에 대한 품목허가나 신고 절차가 없다. 제조업 허가를 한 번 받으면 이후 어떤 제품을 생산하든 별도의 허가 없이 시장에 출시할 수 있다.

반면 식품위생법 제37조는 품목제조보고를 의무화하고, 건강기능식품은 개별 품목별 허가를 받도록 한다. 약사법 제31조의2는 품목허가 또는 품목신고를 통해 성분과 함량을 사전에 파악하며, 신약은 안전성·유효성 심사를 거쳐야 한다.

담배는 WHO가 지정한 1급 발암물질을 포함하고 7,000여 종의 화학물질 중 70여 종이 발암물질임에도, 신제품 출시 시 첨가물이나 유해성분에 대한 사전 검토가 전혀 없다. 최근 궐련형 전자담배나 액상형 전자담배 등 새로운 형태의 제품이 안전성 평가 없이 쏟아지고 있다. 그럼에도 불구하고 제조업자가 어떤 제품을 만들더라도 별도 허가나 신고가 없다는 것은 국민 건강을 생각해 볼 때 너무나 큰 제도의 허점이다.

성분 관리의 허술함

담배사업법 제25조의2는 담배 성분 표시를 의무화하지만, 표시 대상은 타르와 니코틴 2가지뿐이다. 시행령 제9조의7은 엽궐련, 파이프담배 등은 성분 표시조차 생략할 수 있도록 한다.

식품위생법 제10조는 식품첨가물의 기준·규격을 정하고, 알레르기 유발물질, 영양성분, 원재료명, 첨가물을 모두 표시하도록 한다. 약사법 제52조는 의약품의 성상, 효능·효과, 용법·용량, 사용상 주의사항

등을 상세히 기재하도록 한다.

담배제조 과정에서 사용되는 수백 가지 첨가물에 대한 사전 승인이나 신고 절차도 없다. 향료, 보습제, 연소촉진제 등 다양한 화학물질이 안전성 평가나 유해성 검증 없이 제조사 재량으로 첨가되고 있다. 국민의 알권리와 건강 보호를 위해서는 성분이 무엇인지 아는 것이 가장 중요한 내용이다.

미약한 형사 처벌

담배사업법의 형사 처벌은 국민 건강에 미치는 영향에 비해 지나치게 낮다. 무허가 담배제조는 3년 이하 징역 또는 3천만 원 이하 벌금으로 최고형이며, 경고문구 미표시나 불법광고는 1년 이하 징역 또는 1천만 원 이하 벌금, 소매인이 아닌 자의 담배 판매는 6개월 이하 징역 또는 500만 원 이하 벌금에 불과하다.

그런데 식품위생법은 썩은 식품 판매 시 10년 이하 징역 또는 1억 원 이하 벌금, 위해식품 판매 시 7년 이하 징역 또는 1억 원 이하 벌금을 부과한다. 약사법은 무허가 의약품 제조·수입에 10년 이하 징역 또는 1억 원 이하 벌금을 규정한다. 마약류관리에관한법률은 마약 제조·매매 목적 소지에 무기징역 또는 5년 이상 징역을 부과한다.

담배의 니코틴 중독성이 마약 못지않고, 매년 수만 명이 흡연 관련 질병으로 사망하는 점을 고려하면 담배사업법의 처벌은 법익에 비해 지나치게 관대하다. 특히 청소년 담배 판매가 500만 원 이하 벌금만으로 처벌되는 것은 청소년보호법상 3년 이하 징역 또는 3천만 원 이하 벌금과 비교해도 가볍다.

미흡한 행정제재 처분

담배사업법의 행정제재도 실효성이 부족하다. 제조업자의 경고문구 미표시나 불법광고 시 1차 위반은 1개월 영업정지에 그치며, 소매인의 청소년 담배 판매는 1차 위반 시 7일 영업정지만 받는다.

식품위생법은 유통기한 경과 식품 판매 시 1차 위반에도 영업정지 15일, 2차는 1개월을 부과한다. 약사법은 의약품 무허가 제조에 제조업 허가취소, 변질·변패 의약품 판매에 품목허가 취소 및 영업정지 6개월을 규정한다.

과태료도 담배사업법은 200만 원 이하인 반면, 식품위생법은 1천만 원 이하, 약사법은 3천만 원 이하를 부과할 수 있다.

대한민국, 담배산업의 시험대로 전락

담배사업법이 이처럼 사업자 친화적이고 제재가 약한 결과, 대한민국은 글로벌 담배기업들의 신제품 시험대로 전락했다. 특히 가향물질이 첨가된 액상형 전자담배는 한국 시장에서 먼저 출시되어 청소년 흡연의 주요 통로가 되고 있다.

2020년대 들어 과일향 등 다양한 향이 첨가된 액상형 전자담배가 무분별하게 유입되었다. 이들 제품은 담배사업법상 담배로 분류되지 않아 경고 문구 표시나 온라인 판매금지 규제를 피해 간다. 화장품이나 장난감처럼 보이는 디자인으로 청소년들의 접근을 조장하며, 2024년 서울소비자공익네트워크에서 조사해 보니 응답자의 약 70%가 액상형 전자담배 케이스를 담배로 인식하지 못했다.

설상가상으로 합성 니코틴을 사용한 제품들은 '니코틴 무함유'로 광고하면서도 실제로는 니코틴 유사물질이 검출되어 사회적 문제가 되고 있다. 중국에서 수입되는 원료의 성분이 정확히 공개되지 않으며, 사용자가 직접 제조하는 과정에서 유해물질이 첨가될 여지도 크다. 지금과 같은 법령과 정책으로는 대한민국이 과거 중국의 아편전쟁 직전과 같은 상황이 발생할 수도 있다.

구조적 문제의 근원과 개선 방향

담배사업법이 식품위생법이나 약사법에 비해 규제가 허술한 이유는 법의 제정 목적이 "담배산업의 건전한 발전과 국민경제 이바지"이기 때문이다. 식품위생법이나 약사법이 "국민보건"을 목적으로 하는 것과 대조적이다.

담배는 개별소비세법과 지방세법상 막대한 세금의 원천이며, 국민건강증진부담금의 주요 재원이다. 이러한 재정적 이해관계가 강력한 규제 도입을 어렵게 만들었다. WHO 담배규제기본협약(FCTC)은 담배제품의 함량 규제와 공개 의무를 요구하지만, 한국은 이를 충실히 이행하지 못하고 있다.

2025년 11월 1일부터 시행되는 담배의 유해성 관리에 관한 법률이 일부 공백을 메우겠지만, 근본적으로는 품목허가제 도입, 첨가물 사전승인제, 처벌 강화가 필요하다. 담배를 산업 진흥의 대상이 아닌 국민건강 위해물질로 재정의하고, 식품이나 의약품 수준의 엄격한 관리체계를 구축해야 한다. 더 이상 대한민국이 담배산업의 무법지대이자 실험장이 되어서는 안 된다.

3
담배사업자가 국내에서 부담하는 의무와 위험

제조·판매 단계의 자율성

담배사업법은 담배사업자에게 다른 보건 관련 산업과는 비교할 수 없을 정도로 자유로운 사업 환경을 제공한다. 담배제조업 허가를 받기 위해서는 자본금 300억 원, 연간 50억 개비 생산시설 등 초기 진입장벽은 높지만, 일단 허가를 받으면 그 이후는 사실상 무법지대나 다름없다.

개별 제품에 대한 품목허가나 신고 의무가 없어 신제품 출시가 자유롭다. 어떤 향료를 첨가하든, 어떤 화학물질을 사용하든 사전 승인이 필요 없다. 식품이나 의약품은 새로운 첨가물을 사용하려면 안전성 평가를 거쳐야 하지만, 담배는 제조사 재량으로 수백 가지 화학물질을 마음대로 첨가할 수 있다. 멘톨, 바닐라, 초콜릿 등 다양한 향료를 넣어 청소년의 흡연 진입을 유도하는 제품을 만들어도 제재를 받지 않는다.

성분 표시 의무도 타르와 니코틴 2가지뿐이다. 7,000여 종의 화학물질 중 70여 종의 발암물질이 포함되어 있어도 이를 공개할 필요가 없다. 담배사업법 제25조의2 제2항은 분기마다 성분 측정을 의뢰하도록 하지만, 이를 위반해도 1차 위반 시 1개월 영업정지에 그치며, 측정 결과를 공개할 의무도 없다. 소비자는 자신이 피우는 담배에 정확히 어떤 유해물질이 들어 있는지 알 수 없다.

광고와 마케팅의 제한적 규제

담배사업법 시행령 제9조는 담배광고를 제한하지만, 그 제한은 형식적 수준이다. 소매인 영업소 내부 광고, 연간 10회 이내 잡지광고, 사회·문화 행사 후원, 국제선 항공기 내 광고가 가능하다. 특히 사회·문화·체육 행사 후원을 통해 브랜드 이미지를 세탁할 수 있으며, 후원 명칭 사용이 허용되어 간접광고 효과를 누린다.

불법광고를 하더라도 1차 위반 시 1개월 영업정지, 형사처벌은 1년 이하 징역 또는 1천만 원 이하 벌금에 불과하다. 연간 수조 원의 매출을 올리는 담배기업에게 1천만 원 벌금은 사실상 솜방망이 처벌이다. 식품이나 의약품의 허위·과대광고가 5년 이하 징역 또는 5천만 원 이하 벌금인 것과 비교하면 현저히 가볍다.

오도문구 사용도 제25조의5에서 금지하고 있으나, '라이트', '마일드', '저타르' 등 몇 가지만 예시할 뿐이다. 교묘하게 건강에 덜 해로운 것처럼 포장하는 마케팅은 얼마든지 가능하다. 처벌도 1년 이하 징역 또는 1천만 원 이하 벌금으로 경미하다.

가벼운 형사 처벌과 행정제재

담배사업법의 처벌 체계는 국민 건강을 해치는 제품을 다루는 사업임을 고려할 때 믿기 어려울 정도로 관대하다. 무허가 담배제조가 최고형으로 3년 이하 징역 또는 3천만 원 이하 벌금이다. 경고문구를 표시하지 않거나 허위로 표시해도 1년 이하 징역 또는 1천만 원 이하 벌금, 성분을 거짓으로 표시해도 동일하다.

청소년에게 담배를 판매하는 중대한 위반행위도 소매인은 1차 위반 시 7일 영업정지만 받는다. 담배 판매 외 다른 상품 판매는 가능하므로 실질적 타격이 거의 없다. 제조업자나 도매업자가 청소년에게 판매해도 1차 위반 시 3개월 영업정지에 그친다.

영업정지 처분을 받더라도 담배사업법 시행규칙은 위반행위가 "사소한 부주의나 단순한 오류"이거나 "경미한 경우" 처분기준의 2분의 1 범위에서 감경할 수 있도록 한다. 5년 이상 모범적으로 사업을 수행했다면 역시 감경 사유가 된다. 결국 실제 처분은 더욱 약해진다.

유통구조의 폐쇄성과 가격결정의 자율성

담배사업법 제12조는 제조업자나 수입판매업자가 도매업자나 소매인에게만 판매하도록 하여 유통구조를 단순화했다. 이는 사업자에게 유리하게 작용한다. 복잡한 유통망을 관리할 필요 없이 안정적인 판매망을 확보할 수 있기 때문이다. 소매인은 시장·군수·구청장의 지정을 받아야 하고 영업소 간 거리를 50미터 이상 유지해야 하므로, 과당경쟁이 억제되어 안정적 판매가 보장된다.

가격 결정도 사실상 자율적이다. 제18조는 판매가격 신고를 규정하지만, 가격 승인이 아닌 신고제여서 제조업자나 수입판매업자가 원하는 가격을 자유롭게 책정할 수 있다. 신고를 하지 않아도 200만 원 이하 과태료에 불과하다. 담배는 가격탄력성이 낮은 중독성 제품이므로 가격을 인상해도 수요가 크게 감소하지 않아 사업자에게 유리하다.

세금은 높지만 사업자 부담은 낮다

 담배에는 개별소비세, 지방세, 국민건강증진부담금 등 각종 세금이 부과되어 판매가격의 70% 이상이 세금이다. 이를 근거로 담배산업이 과도한 부담을 진다고 주장하지만, 실상은 다르다. 모든 세금은 소비자 가격에 전가되므로 사업자가 실질적으로 부담하는 것이 아니다.

 오히려 높은 세금은 사업자에게 유리하게 작용한다. 정부 입장에서 담배는 중요한 세수원이므로 함부로 강력한 규제를 도입하기 어렵다. 담배산업이 위축되면 세수가 감소하므로, 정부는 적정 수준의 담배 판매량을 유지하려는 유인이 있다. 담배사업자는 이러한 정부의 딜레마를 활용하여 규제 강화를 저지할 수 있다.

사업하기 좋은 천국

결과적으로 대한민국은 담배사업자에게 천국과 같은 환경이다. 품목허가 없이 신제품을 자유롭게 출시하고, 첨가물을 마음대로 사용하며, 성분 공개 의무는 최소화되어 있다. 위반 시 처벌은 가볍고, 행정제재는 형식적이며, 감경 사유도 많다. 유통구조는 안정적이고, 가격 결정은 자율적이며, 세금 부담은 소비자에게 전가된다.

식품이나 의약품은 엄격한 품목허가, 성분 공개, 안전성 평가를 거쳐야 하고, 위반 시 최대 10년 징역까지 가능하다. 반면 담배는 매년 수만 명을 죽이는 치명적 제품임에도 최고형이 3년 징역에 불과하다. 이는 담배사업법이 국민건강 보호가 아닌 담배산업 발전을 목적으로 하기 때문이다. 담배사업자의 자유로운 영업을 보장하는 것이 우선이고, 국민건강은 부차적이다. 이러한 환경에서 대한민국이 글로벌 담배기업의 신제품 테스트베드가 된 것은 당연한 귀결이다.

| 제3장 |

대한민국 담배법은 정부를 위한 법이다

1

담배 사업자에 대한 정부의 행정 제재 규정 현황

형식적 행정제재 규정의 실상

담배사업법은 행정제재 규정을 두고 있지만, 그 내용과 수위는 실효성이 의심될 정도로 미약하다. 제11조의4는 제조업자에 대한 영업정지처분을 규정하지만, 경고문구 미표시나 불법광고 시 1차 위반은 1개월 영업정지에 불과하다. 연간 수조 원의 매출을 올리는 담배기업에게 1개월 영업정지는 솜방망이에 가깝다.

제15조는 수입판매업자나 도매업자에 대한 영업정지를 규정하지만, 역시 1차 위반은 1~3개월 수준이다. 제17조의 소매인에 대한 제재도

청소년 담배 판매 시 1차 위반은 7일 영업정지다. 담배 판매 외 다른 상품 판매는 가능하므로 실질적 타격이 거의 없다.

더욱 문제는 시행규칙의 감경 규정이다. 제4조의2, 제6조의2, 제11조는 "위반행위가 사소한 부주의나 단순한 오류"이거나 "경미한 경우" 처분기준의 2분의 1 범위에서 감경할 수 있도록 한다. 5년 이상 모범적으로 사업을 수행했다면 역시 감경 사유다. 실제 처분은 법정 기준의 절반 수준으로 약화된다.

과태료도 최고 200만 원에 불과하다. 식품위생법의 1천만 원, 약사법의 3천만 원과 비교하면 턱없이 낮다. 판매가격 신고 위반, 포장 변경 판매, 성분 측정 미의뢰 등에 부과되는데, 거대 담배기업에게는 단순 경비 수준이다.

소송을 통해 드러난 정부의 이중적 태도

※ 담배제조업허가 거부처분 취소소송(2005~2008년)

2005년 한국담배 주식회사는 자본금 109억 원으로 담배제조업 허가를 신청했다가 거부당하자 소송을 제기했다. 시행령이 정한 자본금 300억 원에 미달했기 때문이다. 1심 서울행정법원은 원고 승소 판결을 내렸다. 법원은 "자본금 300억 원 기준이 민간중소기업의 담배제조업 진출을 거의 원천적으로 봉쇄하여 과거 국산담배제조를 독점하던 KT&G에게 기존 독점권과 비슷한 특혜를 계속 부여한다"고 지적했다.

법원은 또한 "군소업체 난립 방지나 담배소비 억제는 광고규제, 청소년 흡연규제, 간접흡연 규제 등으로 더 효과적으로 달성할 수 있으며, 세계 각국에서도 자본금 규모로 진입을 규제하는 입법례를 거의 찾을 수 없다"며 시행령이 직업선택의 자유를 침해하고 평등원칙에 위배된다고 판시했다.

그러나 2심 서울고등법원과 대법원은 정반대 결론을 내렸다. "담배산업의 특성상 입법자는 광범위한 입법형성의 자유를 가지며, 자본금 기준은 국민건강 보호와 조세징수 확보라는 공익을 위해 정당하다"고 판단했다. 결국 자본금 300억 원 기준은 유효하다고 확정되었다.

이 판결은 정부의 속내를 드러낸다. 1심이 지적했듯 담배소비 억제가 목적이라면 자본금 규제보다 광고금지나 흡연구역 제한이 더 효과적이다. 그런데도 자본금 규제를 고집한 이유는 KT&G의 독점적 지위를 보호하고, 안정적인 세수 확보를 위해 업체 수를 제한하려는 의도였다. 군소업체가 난립하면 담배산업 전체를 통제하기 어렵고, 세금 징수도 복잡해진다. 소수의 대형 업체를 관리하는 것이 정부에게 편리하다.

※ 담배소매인 지정신청 거부처분 취소소송(2015년)

2015년 대법원은 담배소매인 지정을 받으려는 자가 적법하게 건축된 점포의 사용 권리를 증명해야 한다는 시행규칙 규정이 유효하다고 판시했다. "담배유통질서의 확립과 조세징수 확보를 위해 영업장소의 안정성과 계속성을 요구하는 것은 정당하다"는 이유였다.

이 판결도 정부의 관리 편의를 우선시한 것이다. 위법 건축물에서 담배를 판매하면 건축법 위반으로 폐쇄될 수 있고, 그러면 담배 유통망에 공백이 생기며 조세 징수에 차질이 발생한다. 소매인의 영업의 자유보다 정부의 관리 편의와 세수 안정이 우선이다.

담배 성분 표시 관련 분쟁

담배사업법 제25조의2는 타르와 니코틴만 표시하도록 하지만, 국민건강증진법 제9조의3은 보건복지부장관이 담배 성분과 유해성분을 조사·분석하여 공표할 수 있도록 한다. 그런데 실제로 상세한 유해성분 정보가 공표된 적은 거의 없다.

담배기업들은 영업비밀을 이유로 성분 공개를 거부하고, 정부도 적극적으로 정보공개를 추진하지 않는다. 담배기업의 협조 없이는 세금을 징수하기 어렵고, 기업과의 마찰은 정부에게 부담이다. 결국 소비자의 알권리와 건강권은 뒷전이다.

담배 가격 신고제의 형식성

제18조는 제조업자와 수입판매업자가 판매가격을 신고하도록 하지만, 승인이 아닌 신고제여서 정부의 가격 통제권이 없다. 신고하지 않아도 200만 원 과태료에 불과하다. 담배기업은 원하는 대로 가격을 인상하고, 정부는 그에 따라 세금을 더 많이 거둔다. 가격 인상은 정부와 기업 모두에게 이익이다. 피해는 소비자가 고스란히 떠안는다.

느슨한 제조업 허가 사후관리

담배제조업 허가를 받은 후 시설기준을 충족하지 못하게 되어도 1차 위반은 3개월 영업정지다. 경고문구 미표시는 1개월, 성분 측정 미의뢰도 1개월이다. 이 정도 처분으로 거대 담배기업이 경각심을 가질 리 없다.

정부 입장에서 담배기업을 강하게 제재하면 생산이 중단되고 세수가 줄어든다. 제재보다는 원만한 관계 유지가 중요하다. 국민건강보다 세수 확보가 우선순위다.

소매인 관리의 허술함

소매인은 전국에 10만 개 이상이지만, 실제 관리·감독은 형식적이다. 청소년 담배 판매로 적발되어도 7일 영업정지에 그치고, 신분증 위조나 폭행 등이 인정되면 영업정지가 면제된다. 시행규칙 제11조 제4항은 무죄나 선고유예 판결을 받으면 영업정지를 면제하도록 하여, 사실상 대부분의 소매인이 제재를 피해 간다.

정부는 소매인을 엄격히 관리할 유인이 없다. 소매인이 많을수록 담배 유통이 원활하고, 세금 징수도 안정적이다. 청소년 보호보다 유통망 유지가 우선이다.

국민건강증진법과의 모순

담배사업법은 담배산업 관리를 목적으로 하고, 국민건강증진법은 국민건강 보호를 목적으로 한다. 두 법은 같은 담배를 다루지만 지향점이 정반대다. 이 모순이 집행 과정에서 혼란을 야기한다.

국민건강증진법 제9조의4는 담배광고를 금지하지만, 담배사업법 시행령 제9조는 일부 광고를 허용한다. 국민건강증진법 제9조의2는 경고그림 표시를 의무화하지만, 담배사업법은 경고문구만 규정한다. 국민건강증진법은 보건복지부가, 담배사업법은 기획재정부가 관장하여 부처 간 이견도 잦다.

결국 실무에서는 담배사업법이 우선 적용되는 경우가 많다. 기획재정부는 세수 확보를, 보건복지부는 건강 보호를 우선시하는데, 정부 내 힘의 논리에서 기재부가 앞선다. 국민건강은 뒷전이다.

담배사업법의 근본적 재편 필요

담배사업법은 1989년 담배전매제도 폐지 당시 만들어진 법이다. 당시 목표는 전매제도의 독점을 해소하되, 정부의 세수를 안정적으로 확보하는 것이었다. 국민건강 보호는 고려 대상이 아니었다.

35년이 지난 지금도 법의 본질은 변하지 않았다. 자본금 300억 원 기준은 KT&G와 외국 대기업만 진입할 수 있도록 하여 관리를 편하게 한다. 개별 품목 허가나 신고가 없어 신제품이 자유롭게 출시되지만, 정부는 세금만 제대로 걷으면 된다. 행정제재는 형식적이고, 감경 사유는 많으며, 과태료는 낮다. 담배기업과 원만한 관계를 유지하여 세수를 안정적으로 확보하는 것이 최우선이다.

소송 사례들은 이러한 정부의 태도를 적나라하게 보여준다. 자본금 기준 소송에서 법원은 "조세징수 확보"를 강조하며 고액 진입장벽을 정당화했다. 소매인 지정 소송에서도 "조세징수 확보"를 이유로 엄격한 요건을 인정했다. 국민건강은 명분일 뿐, 실제 관심사는 세금이다.

담배사업법은 근본적으로 재편되어야 한다. 제1조의 목적을 "국민건강 보호"로 변경하고, 주무부처를 기획재정부에서 보건복지부로 이관해야 한다. 개별 품목 허가제를 도입하고, 첨가물 사전승인제를 실시하며, 행정제재를 대폭 강화해야 한다. 담배를 산업 진흥의 대상이 아닌 국민건강 위해물질로 재정의해야 한다. 정부의 편의와 세수 확보보다 국민의 생명과 건강이 우선이어야 한다. 이것이 법치국가의 기본이다.

2
정부의 방임을 보여주는
빈약한 수준의 형사 처벌 규정

현저히 낮은 형사처벌 수위

담배사업법의 형사처벌은 국민 건강을 위협하는 제품의 규제법이라고 믿기 어려울 정도로 가볍다. 무허가 담배제조가 최고형으로 3년 이하 징역 또는 3천만 원 이하 벌금이다. 경고문구 미표시, 성분 허위표시, 불법광고는 1년 이하 징역 또는 1천만 원 이하 벌금, 소매인이 아닌 자의 담배 판매는 6개월 이하 징역 또는 500만 원 이하 벌금에 불과하다.

식품위생법과 비교하면 그 차이가 극명하다. 식품위생법 제94조는 썩은 식품이나 유독·유해물질이 들어간 식품을 판매하면 10년 이하 징역 또는 1억 원 이하 벌금에 처한다. 제95조는 병을 일으킬 우려가 있는 위해식품 판매에 7년 이하 징역 또는 1억 원 이하 벌금을, 제97조는 무허가 식품제조에 3년 이하 징역 또는 3천만 원 이하 벌금을 부과한다.

약사법은 더욱 엄격하다. 제93조는 무허가 의약품 제조·수입에 10년 이하 징역 또는 1억 원 이하 벌금을, 제94조는 가짜 의약품에 7년 이하 징역 또는 7천만 원 이하 벌금을 규정한다. 화장품법 제36조는 유해 화장품 판매에 5년 이하 징역 또는 5천만 원 이하 벌금을, 의료기기법 제51조는 무허가 의료기기 제조에 5년 이하 징역 또는 5천만 원 이하 벌금을 부과한다.

담배는 WHO가 지정한 1급 발암물질이다. 매년 전 세계에서 800만 명, 한국에서만 약 6만 명이 흡연 관련 질병으로 사망한다. 니코틴의 중독성은 마약과 유사하고, 간접흡연은 주변 사람의 건강까지 해친다. 그런데도 담배사업법의 최고형은 3년 징역이다. 썩은 식품 판매(10년)보다, 가짜 의약품(7년)보다, 유해화장품 판매(5년)보다 가볍다. 청소년에게 담배를 판매해도 500만 원 벌금에 그친다. 이는 담배가 국민건강에 미치는 심각한 위해에 비해 터무니없이 낮은 처벌이다.

극소수에 불과한 형사 입건 사례

더 큰 문제는 이처럼 낮은 처벌 규정조차 거의 적용되지 않는다는 점이다. 식품의약품안전처는 매년 수천 건의 식품·의약품 위반 사례를 적발하여 검찰에 고발한다. 2023년 식약처 통계를 보면, 식품위생법 위반 고발이 약 1,200건, 약사법 위반 고발이 약 800건, 화장품법 위반 고발이 약 150건에 달한다. 무허가 제조, 유해물질 검출, 허위·과대광고 등 다양한 위반 사례가 적극적으로 적발되고 처벌된다.

그러나 담배사업법 위반으로 고발되는 사례는 연간 수십 건에 불과하다. 기획재정부는 담배사업법 위반 통계를 제대로 공개하지도 않는다. 언론 보도를 통해 드러나는 사례는 대부분 무허가 담배제조나 밀수입 담배 판매 정도다. 경고문구 미표시, 성분 허위표시, 불법광고로 형사 입건된 사례는 찾아보기 어렵다.

대형 담배기업이 형사처벌을 받았다는 뉴스는 거의 없다. 이들은 매년 수조 원을 벌어들이고, 수백만 명의 건강을 해치지만, 형사책임을 지는 일은 없다. 담배사업법 제25조는 경고문구 미표시를 1년 이하 징역으로 처벌하도록 하지만, 실제로 제조업자가 이로 인해 처벌받은 사례는 전무하다. 제25조의2는 성분 허위표시를 처벌하도록 하지만, 타르와 니코틴 표시가 부정확해도 제재 받지 않는다.

소매인의 청소년 담배 판매는 매년 수천 건 적발되지만, 대부분 청소년보호법 위반으로 처리되고 과태료나 벌금형에 그친다. 담배사업법 제27조 제3항은 500만 원 이하 벌금으로 처벌하도록 하지만, 실제 벌금액은 50~100만 원 수준이다. 솜방망이 처벌이다.

행정기관의 무관심과 방임

담배사업법의 주무부처는 기획재정부다. 기재부의 주요 관심사는 세수 확보다. 담배에는 개별소비세, 지방세, 국민건강증진부담금 등이 부과되어 가격의 약 74%가 세금이다. 2023년 담배 관련 세수는 약 14조 원으로 추정된다. 국가 재정에서 무시할 수 없는 금액이다.

기재부 입장에서 담배기업은 세수를 안정적으로 납부하는 협력자다. 담배기업이 성실히 세금을 내는 한, 굳이 트집을 잡아 관계를 악화시킬 이유가 없다. 경고문구가 조금 작아도, 성분 표시가 부정확해도, 광고가 다소 과하더라도 세금만 잘 내면 눈감아준다. 무허가 제조나 밀수입처럼 세금을 탈루하는 행위는 강력히 단속하지만, 합법적 영업 범위 내의 위반은 형식적으로 처리한다.

식품의약품안전처는 전국에 지방청과 수입식품검사소를 두고, 수천 명의 공무원이 식품·의약품을 상시 점검한다. 제조업소, 판매업소를 정기적으로 방문하여 위생 상태를 점검하고, 제품을 수거하여 성분을 검사하며, 표시사항을 확인한다. 위반 사항을 발견하면 즉시 행정처분을 내리고, 중대한 위반은 검찰에 고발한다.

반면 기재부에는 담배사업을 전담하는 조직이 미약하다. 세제실 산하 개별소비세과에서 담배사업을 관장하지만, 주요 업무는 세금 부과·징수다. 담배제조업소나 판매업소를 직접 점검하는 인력도, 시스템도 없다. 시·도와 시·군·구에서 소매인 지정과 관리를 담당하지만, 이마저도 형식적이다. 청소년 담배 판매 단속은 주로 경찰이나 지역 청소년 보호단체가 수행하며, 행정기관은 사후에 영업정지 처분을 내리는 정도다.

담배 성분 측정도 제조업자가 자율적으로 측정기관에 의뢰하고, 그 결과를 정부에 보고하지도 않는다. 정부는 담배에 어떤 유해물질이 얼마나 들어있는지 모른다. 식품이나 의약품은 무작위 수거검사를 통해 정부가 직접 성분을 확인하지만, 담배는 전적으로 제조사 자율에 맡긴다.

타 보건 법령과의 극명한 대조

식품위생법, 약사법, 화장품법, 의료기기법은 모두 국민건강 보호를 제1목적으로 한다. 식약처는 국민건강을 위협하는 제품을 시장에서 퇴출시키는 것을 사명으로 한다. 무허가 제품은 즉시 판매금지하고, 위해 제품은 회수·폐기 명령을 내리며, 악질 위반자는 형사고발한다.

담배사업법은 제1조에서 "담배산업의 건전한 발전과 국민경제 이바지"를 목적으로 한다. 국민건강은 목적에 없다. 주무부처인 기재부의 사명은 세수 확보다. 담배산업이 건전하게 발전하여 세금을 많이 내는 것이 최우선 목표다.

이러한 목적의 차이는 집행 방식의 차이로 나타난다. 식약처는 식품·의약품 제조업소를 연 1회 이상 정기 점검하고, 위반 사항을 꼼꼼히 적발한다. 기재부는 담배제조업소를 거의 점검하지 않는다. 식약처는 위해 제품 발견 시 언론에 공개하고 전량 회수를 명령한다. 기재부는 담배의 유해성 정보를 공개하지 않는다.

식약처는 허위·과대광고를 적극 단속하여 매년 수백 건을 적발하고 고발한다. 기재부는 담배광고 위반을 거의 단속하지 않는다. 식품이나 의약품 광고에는 엄격한 사전심의나 사후관리가 있지만, 담배는 자율에 맡긴다.

세금만 걷히면 그만이라는 정부의 본심

담배사업법의 모든 측면은 세금 징수의 효율성을 중심으로 설계되었다. 자본금 300억 원 기준으로 소수 대기업만 제조업에 진입하게 하여, 소수 업체만 관리하면 세금을 확실히 징수할 수 있다. 유통구조를 제조-도매-소매로 단순화하여, 각 단계에서 세금을 빠짐없이 부과한다. 소매인 지정제로 판매처를 특정하여, 최종 판매량을 정확히 파악하고 세금을 확보한다.

행정제재가 약한 이유도 여기에 있다. 제조업자나 수입판매업자에게 강력한 제재를 가하면 생산이나 수입이 중단되고, 세수가 줄어든다. 소매인을 엄격히 관리하면 소매인 수가 줄어들고, 유통망이 위축되어 담배 판매가 감소한다. 정부 입장에서는 담배 판매가 줄어드는 것도, 세수가 감소하는 것도 원하지 않는다.

형사처벌이 낮고 고발이 드문 이유도 마찬가지다. 담배기업을 형사처벌하면 기업 이미지가 나빠지고, 정부와 기업의 관계가 악화되며, 최악의 경우 생산이 중단될 수 있다. 세금을 안정적으로 걷으려면 기업과 원만한 관계를 유지해야 한다. 형식적인 규제는 하되, 실제로 처벌하지는 않는다.

소매인의 청소년 담배 판매도 사실상 방치한다. 엄격히 단속하면 소매인들이 담배 판매를 꺼리고, 유통망이 약화되며, 담배 판매가 감소한다. 7일 영업정지에 감경 사유까지 풍부하게 둔 이유는 소매인을 보호하여 유통망을 유지하기 위함이다.

국민 건강보다 세수가 우선인 담배법

담배사업법은 국민건강 보호를 위한 법이 아니다. 정부가 세금을 효율적으로 징수하기 위해 담배산업을 관리하는 법이다. 형사처벌이 낮은 것도, 고발이 드문 것도, 행정기관이 무관심한 것도 모두 의도된 설계다. 세금만 잘 걷히면 나머지는 중요하지 않다.

식품, 의약품, 화장품은 국민이 직접 섭취하거나 사용하므로 엄격히 관리한다는 논리가 있다. 그러나 담배도 국민이 직접 흡입하고, 더 많은 사람을 죽인다. 담배는 더 엄격히 관리되어야 한다. 그런데 현실은 정반대다.

담배사업법은 근본적으로 폐기되거나 전면 개정되어야 한다. 주무부처를 기재부에서 보건복지부나 식약처로 이관하고, 법의 목적을 국민 건강 보호로 변경하며, 형사처벌을 대폭 강화하고, 행정기관의 적극적 단속을 의무화해야 한다. 세금 징수는 부차적 목표가 되어야 한다. 국민의 생명과 건강이 세수보다 중요하다는 당연한 원칙이 담배에도 적용되어야 한다. 담배사업법은 정부 편의주의의 치욕적 산물이며, 대한민국 보건법제의 수치다.

3

담배유해성관리에 대한 성분 공개의 한계

담배 유해성 관리법의 제정 배경과 기대

2023년 10월 31일 제정되어 2025년 1월 1일부터 시행될 예정인 담배의 유해성 관리에 관한 법률(이하 '담배유해성관리법')은 담배사업법의 오랜 공백을 메우기 위해 탄생했다. 담배사업법이 담배산업 관리와 세수 확보에 집중하는 동안, 담배의 유해성 관리는 사실상 방치되었다. 타르와 니코틴 2가지 성분만 표시하고, 첨가물이나 배출물에 대한 정보는 전혀 공개되지 않았다.

담배유해성관리법 제1조는 "담배 및 담배 관련 제품의 유해성 관리에 관한 사항을 규정함으로써 국민건강을 보호함을 목적으로 한다"고 명시한다. 국민건강 보호를 전면에 내세운 점에서 담배사업법과 차별화된다. 법 제정 과정에서 많은 이들이 드디어 담배에 포함된 수백 가지 첨가물과 수천 가지 배출물이 공개되고, 유해성분의 상한선이 설정되며, 청소년 흡연을 유도하는 가향물질이 금지될 것으로 기대했다.

그러나 아직 구체적인 내용은 아무것도 확정된 것이 없다. 유해성분 공개 범위는 처음 기대보다 대폭 축소되었고, 시험법이 없으면 검사조차 하지 않으며, 담배업계와의 타협 과정에서 법의 실효성이 크게 약화된 것이다.

제한적인 유해성분 공개 범위

담배유해성관리법 제8조는 담배제조업자와 수입판매업자에게 담배 유해성분의 함유량을 식품의약품안전처장에게 제출하도록 하고, 식약처장은 이를 공개하도록 규정한다. 그러나 모든 유해성분이 공개되는 것은 아니다. 법 제2조 제6호는 유해성분을 "식품의약품안전처장이 정하여 고시하는 담배에 함유된 성분 또는 담배 배출물에 포함된 성분"으로 정의한다. 즉, 식약처장이 고시한 성분만 유해성분으로 인정된다.

시행규칙 제5조는 유해성분의 종류를 규정하는데, 1차 고시에는 약 20~30종의 주요 발암물질과 유해물질만 포함될 것으로 예상된다. 국제적으로 담배연기에는 약 7,000종의 화학물질이 있고, 그 중 최소 70종이 발암물질로 알려져 있다. WHO 담배규제기본협약(FCTC)은 회원국에게 담배 배출물의 포괄적 공개를 권고하지만, 한국은 일부만 공개할 계획이다.

캐나다는 담배제조업자에게 44종의 배출물 독성성분과 127종의 첨가물 정보를 제출하고 공개하도록 의무화한다. 미국 FDA는 93종의 유해 및 잠재적 유해물질(HPHC) 목록을 지정하고, 담배업계에 보고를 요구한다. EU는 담배제품규제지침(TPD)에 따라 모든 성분과 배출물 정보를 회원국 당국에 제출하고, 상당 부분을 공개한다.

한국의 20~30종은 이들 국가에 비해 현저히 적다. 더 큰 문제는 고시되지 않은 수천 종의 화학물질은 아예 관리 대상이 아니라는 점이다. 신종 유해물질이 발견되어도 고시가 개정되지 않으면 공개되지 않는다. 식약처장의 고시 개정은 행정 편의와 업계 압력에 좌우될 가능성이 크다.

첨가물 공개의 불투명성

담배 첨가물은 향료, 보습제, 연소촉진제, 감미료 등 수백 가지에 달한다. 멘톨, 바닐라, 카카오, 설탕 등은 물론, 암모니아 같은 화학물질도 사용된다. 이들 첨가물은 담배의 맛과 향을 조절하고, 니코틴 흡수를 촉진하며, 청소년의 흡연 진입을 유도하는 역할을 한다. 그러나 담배업계는 이를 핵심 영업비밀로 간주하여 공개를 적극적으로 방해할 것으로 보인다.

캐나다는 127종의 모든 첨가물을 공개하도록 하고, 영업비밀 예외를 인정하지 않는다. 미국도 첨가물 목록을 FDA에 제출하고, 공중보건 목적으로 공개할 수 있다.

시험법 부재로 인한 검사 누락

현행 법령에서는 시험법이 없으면 아예 검사하지 않는다. 그런데, 국제적으로 표준화된 시험법이 있는 물질은 일부에 불과하다. ISO나 WHO가 제시한 시험법은 주로 니코틴, 타르, 일산화탄소, 벤젠, 포름알데히드 등 주요 물질에 한정된다. 신종 유해물질이나 전자담배 배출물의 경우 시험법 개발이 아직 진행 중이다.

시험법 확립에는 수년이 걸린다. 물질을 정확히 검출하고 정량하는 방법을 개발하고, 재현성을 검증하며, 국제적 승인을 받아야 한다. 담배업계는 시험법이 부정확하다며 결과에 이의를 제기할 것이고, 법적 분쟁으로 이어진다.

결국 시험법이 확립된 20~30종만 검사되고, 나머지 수천 종은 사각지대에 남는다. 특히 액상형 전자담배의 경우 가열 온도, 흡입 방식에 따라 배출물이 달라지는데, 표준화된 시험법이 없어 유해성 평가 자체가 불가능하다. 니코틴 파우치, 가열식 담배 등 신종 제품도 마찬가지다.

타르 공개 제외의 역설

타르는 담배연기에서 물, 니코틴, 가스를 제외한 입자상 물질의 총칭이다. 타르에는 수백 가지 화학물질이 섞여 있으며, 상당수가 발암물질이다. 담배사업법 제25조의2는 타르 함량 표시를 의무화하고, 소비자들도 타르 함량을 담배 선택의 주요 기준으로 삼는다.

그런데 담배유해성관리법의 유해성분 정의는 "식약처장이 고시하는 성분"이다. 타르는 단일 성분이 아니라 혼합물이므로, 유해성분으로 고시되기 어렵다. 타르에 포함된 개별 물질(벤젠, 포름알데히드 등)은 유해성분으로 고시될 수 있지만, 타르 자체는 제외될 가능성이 크다.

담배사업법에서는 표시하도록 하지만, 담배유해성관리법에서는 공개 대상이 아니다. 두 법의 괴리가 소비자 혼란을 가중시킨다.

법적 분쟁의 불가피성

담배유해성관리법이 시행되면 담배업계와 정부 간 법적 분쟁이 필연적이다. 첫째, 영업비밀 범위를 둘러싼 다툼이다. 식약처가 첨가물 공개를 명령하면, 업계는 영업비밀 침해라며 행정소송을 제기할 것이다. 법원이 어느 정도까지 영업비밀로 인정할지 불확실하다.

둘째, 유해성분 고시의 적법성 분쟁이다. 식약처가 특정 물질을 유해성분으로 고시하면, 업계는 과학적 근거가 불충분하다며 소송을 제기할 것이다. 특히 신종 물질의 경우 국제적 합의가 없어 분쟁 소지가 크다.

셋째, 시험법의 정확성 논란이다. 업계는 시험 결과가 부정확하다며 재시험을 요구하고, 시험법 자체를 다투며 시간을 끌 것이다. 담배업계는 막강한 자금력으로 소송을 장기화시킬 능력이 있다.

결국 법 시행 후 수년간은 소송이 난무하고, 정작 국민은 정보를 받지 못하는 상황이 지속될 가능성도 크다.

외국 사례와의 격차

캐나다 담배법(Tobacco and Vaping Products Act)은 제조업자에게 모든 성분, 첨가물, 배출물 정보를 제출하고 공개하도록 의무화한다. 영업비밀 예외가 거의 없고, 시험법이 없어도 기업이 자체 시험하여 제출해야 한다. 정부는 제출된 정보를 데이터베이스화하여 온라인으로 공개한다. 소비자는 웹사이트에서 각 제품의 상세 정보를 확인할 수 있다.

미국 FDA는 93종의 HPHC 목록을 지정하고, 담배업계에 연 2회 보고를 의무화한다. 시험법은 FDA가 제공하고, 업계는 이를 따라야 한다. FDA는 보고된 정보를 분석하여 공중보건 정책에 활용하고, 일부를 공개한다.

EU 담배제품규제지침은 회원국에게 담배 성분과 배출물의 포괄적 규제를 요구한다. 회원국들은 온라인 신고 시스템을 구축하여 모든 제품 정보를 수집하고, 상당 부분을 공개한다. 특히 가향물질은 엄격히 규제하여, 멘톨을 포함한 대부분의 향료 첨가를 금지했다.

호주는 담배 plain packaging을 도입하여 브랜드 표시를 최소화하고, 경고그림을 확대했으며, 모든 담배 성분과 배출물을 정부에 제출하도록 한다. 정부는 이 정보를 공개하고, 유해성이 큰 제품은 판매를 제한한다.

한국의 담배유해성관리법은 이들 국가에 비해 공개 범위가 좁고, 시험법 요건이 엄격하기 때문에 실효성이 의심되는 수준이다.

반쪽짜리 개혁의 한계

담배유해성관리법은 담배사업법의 공백을 메우기 위해 제정되었지만, 여전히 불완전하다. 식약처장이 고시한 일부 유해성분만 공개되고, 첨가물은 영업비밀로 숨겨지며, 시험법이 없으면 검사조차 하지 않는다. 타르처럼 중요한 정보도 공개 대상에서 제외될 가능성이 크다.

법 시행 후에는 담배업계와의 법적 분쟁이 예상되고, 정보 공개는 지연될 것이다. 외국처럼 모든 성분과 첨가물을 포괄적으로 공개하고, 영업비밀 예외를 최소화하며, 시험법 개발을 적극 지원하는 제도로 개선

되어야 한다.

 담배는 국민 건강을 위협하는 1급 발암물질이다. 소비자는 자신이 무엇을 흡입하는지 알 권리가 있다. 담배업계의 영업비밀보다 국민의 생명과 건강이 우선이다. 담배유해성관리법은 이름만 거창할 뿐, 실제로는 반쪽짜리 개혁에 불과하다. 법 시행 과정을 면밀히 모니터링하고, 미흡한 부분은 즉각 개정하여 실효성을 확보해야 한다. 국민 건강을 담보로 한 타협은 더 이상 용납될 수 없다.

4
국민은 제외된 정부 주도만의 제도와 정책 한계

국민 참여 규정의 전무

담배사업법, 국민건강증진법, 담배유해성관리법 그 어디에도 국민이나 소비자가 정책 결정에 참여할 수 있는 규정이 없다. 담배사업법은 기획재정부 장관이, 국민건강증진법은 보건복지부 장관이, 담배유해성관리법은 식품의약품안전처장이 모든 것을 결정한다. 경고문구 내용, 유해성분 고시 범위, 광고 제한 기준, 판매 규제 방식 등 국민 건강과 직결된 사안들이 행정관청의 일방적 결정으로 정해진다.

식품위생법 제72조는 식품안전정책위원회를 두고, 소비자단체 대표를 위원으로 포함하도록 한다. 약사법 제3조의2는 중앙약사심의위원회에 소비자단체 대표를 참여시킨다. 화장품법 제4조의 화장품정책심의위원회도 소비자 대표를 포함한다. 환경정책기본법 제58조는 환경분쟁조정위원회에 시민단체 대표가 참여하도록 한다.

그러나 담배 관련 법령에는 정책위원회나 심의위원회 자체가 없다. 국민이 의견을 제시할 공식 채널이 전무하다.

흡연자와 비흡연자 모두 배제된 정책

담배 정책의 직접적 이해관계자는 흡연자와 비흡연자인 국민이다. 흡연자는 담배 가격, 경고 문구, 판매 제한 등의 영향을 직접 받는다. 비흡연자는 간접흡연, 흡연구역 설정, 담배 광고 노출 등에 피해를 입는다. 청소년은 담배 접근성이 인생을 좌우한다. 그러나 이들의 목소리는 정책에 반영되지 않는다.

담배 가격 인상은 정부와 담배기업이 합의하여 결정한다. 2015년 담배 가격이 2,500원에서 4,500원으로 인상될 때, 국민 의견 수렴 절차는 없었다. 경고그림 도입도 마찬가지였다. 2016년 경고그림이 도입되었지만, 어떤 그림을 사용할지, 크기는 얼마나 할지 국민이 참여하여 결정한 것이 아니다. 보건복지부가 일방적으로 정했다.

흡연구역 지정도 지자체가 조례로 정하지만, 주민 의견 수렴은 형식적이다. 아파트 금연구역 확대, 흡연실 설치 기준 등 찬반이 첨예하게 갈리는 사안도 관료들의 탁상행정으로 결정된다. 담배소매인 영업소 간 거리 기준도 시장·군수·구청장이 규칙으로 정하지만, 주민이나 소비자의 의견은 듣지 않는다.

정보공개 청구조차 제한되는 현실

국민이 담배 정보를 알 수 있는 유일한 방법은 정보공개 청구다. 그러나 이마저도 번번이 거부된다. 시민단체가 담배 첨가물 목록을 공개하라고 요청하면, 정부는 "영업비밀"을 이유로 거부한다. 담배 유해성분 측정 결과를 요구해도 "제출받은 적이 없다"거나 "공개할 법적 근거가 없다"며 거부한다.

담배기업의 위반 행위와 행정처분 내역을 요청해도 "개인정보"나 "수사 중인 사안"을 이유로 일부만 공개한다. 담배 판매량, 품목별 시장점유율 등 기초 통계조차 제대로 공개되지 않는다. 국민은 자신의 건강을 위협하는 제품에 대해 알 권리를 행사할 수 없다.

소비자 참여 제도 도입의 필요성

담배 법제에 국민 참여 규정을 신설해야 한다. 첫째, 담배정책위원회를 설치해야 한다. 담배사업법, 국민건강증진법, 담배유해성관리법을 아우르는 담배정책위원회를 구성하고, 위원의 최소 30%는 소비자단체, 보건시민단체, 청소년단체 대표로 구성해야 한다. 흡연자와 비흡연자를 대표하는 일반 국민도 포함해야 한다.

위원회는 담배 가격, 경고 문구, 유해성분 고시, 광고 규제, 판매 제한 등 주요 정책을 심의하고 의결한다. 행정관청은 위원회 결정을 존중하고, 정책에 반영해야 한다. 위원회 회의는 공개하고, 회의록도 공개한다.

둘째, 정책 결정 과정에 공청회를 의무화해야 한다. 담배 관련 법령 개정, 시행령 제정, 고시 개정 시 반드시 공청회를 개최하여 국민 의견을 수렴해야 한다. 온라인 의견 수렴도 병행하여 더 많은 국민이 참여할 수 있도록 해야 한다.

셋째, 담배 정보를 전면 공개해야 한다. 정부가 보유한 모든 담배 정보를 웹사이트에 공개하고, 국민이 자유롭게 열람하고 다운로드할 수 있도록 해야 한다. 성분, 첨가물, 배출물, 판매량, 위반 사례, 행정처분 내역 등을 투명하게 공개해야 한다. 영업비밀 예외는 최소화하고, 공개 거부 시 이유를 상세히 밝혀야 한다.

넷째, 시민감시단을 구성해야 한다. 담배 판매업소를 모니터링하고, 불법 광고를 적발하며, 청소년 판매를 감시하는 시민감시단을 구성하고, 정부가 지원해야 한다. 감시단의 제보는 우선적으로 처리하고, 적발 시 포상금을 지급해야 한다.

다섯째, 소비자 소송제를 도입해야 한다. 담배로 인해 건강 피해를 입은 소비자가 집단으로 담배기업을 상대로 소송할 수 있는 제도를 마련해야 한다. 미국처럼 징벌적 손해배상도 인정하여, 담배기업이 소비자를 함부로 대하지 못하도록 해야 한다.

국민 건강 주권의 회복

담배 법제는 정부와 담배기업의 법이다. 국민은 배제되어 있다. 이는 민주주의 원리에 반한다. 국민 건강을 위협하는 제품의 규제는 국민이 결정해야 한다. 정부는 집행자일 뿐이다.

담배정책위원회를 설치하고, 공청회를 의무화하며, 정보를 전면 공개하고, 시민감시단을 구성하며, 소비자 소송제를 도입해야 한다. 국민이 참여하고 감시하고 결정하는 담배 규제 체계를 만들어야 한다. 담배 법제의 주인은 국민이다. 관료주의의 폐쇄성을 깨고, 국민 주권을 회복해야 한다. 그것이 민주주의다.

| 제4장 |

국민 건강을 지키는 다른 나라의 담배법

1
미국의 담배법 현황과 정책 방향

가족흡연예방 및 담배규제법(FSPTCA)과 규제 기관

　미국의 담배 규제는 2009년 6월 제정된 Family Smoking Prevention and Tobacco Control Act(FSPTCA, 가족흡연예방 및 담배규제법, Public Law 111-31)를 근간으로 한다. 이 법은 미국 식품의약국(FDA)에게 담배 제품의 제조, 유통, 마케팅에 대한 포괄적인 규제 권한을 부여했다. 학교 및 놀이터 1,000피트 이내 담배 광고 금지, 스포츠와 오락 사업에 대한 담배 회사 스폰서 금지 등을 규정하고 있다.

　FDA 내에는 담배제품센터(Center for Tobacco Products, CTP)

가 설치되어 담배 규제를 전담한다. CTP는 담배 제품의 제조, 판매, 마케팅을 과학적 근거에 기반해 규제하며, 매년 수천 건의 담배 제품 신청을 심사하고, 위반 업체에 대한 경고장 발송과 민형사 제재를 시행한다.

FSPTCA의 핵심은 사전시장 담배제품 신청 제도다. 21 CFR Part 1114에 따라 모든 신규 담배 제품은 FDA의 사전 승인을 받아야 시장에 진입할 수 있다. FDA는 제품의 성분, 유해물질, 건강 영향을 과학적으로 심사하고, 입증하지 못한 제품의 시장 진입을 억제한다.

가향물질 금지 법령과 니코틴 함량 규제

2022년 4월 28일, FDA는 21 CFR Part 1100 개정을 통해 멘솔 담배와 가향 시가류의 판매 금지 규칙 제정(Proposed Rule)을 공고했다. 담배제품 기준을 개정해 특성화 향료(Characterizing Flavors)를 포함한 모든 담배 제품의 제조, 유통, 판매를 금지하는 내용을 담고 있다.

2022년 6월, FDA는 21 CFR Part 1130 개정을 통해 담배 속 니코틴 함량 기준(Nicotine Product Standard)을 제안했다. 현재 담배의 니코틴 함량을 95% 이상 낮춘 담배만 판매를 허용하겠다는 규정으로 미국 담배산업 전체를 변화시킬 강력한 규제다.

미국 사례

> ※ 쥴 판매 금지 명령
>
> 미국 담배 규제의 실효성은 구체적인 제재 사례에서 드러난다. 2022년 6월 23일, FDA는 Marketing Denial Order(MDO)를 통해 청소년 흡연을 증가시킨 액상형 전자담배 '쥴(JUUL)'의 판매 금지와 제품 회수를 명령했다. 판매금지 제품 목록에는 쥴 흡입기와 니코틴 농도 5.0%, 3.0%의 버지니아 담배 향 포드, 멘톨 향 포드 등 4종류가 포함되었다.
>
> 2017년 출시된 쥴은 미국 전자담배 시장에서 한때 75%의 점유율을 차지했으나, FDA의 PMTA 심사를 통과하지 못해 시장에서 퇴출되었다. 2019년 과일 향 전자담배 판매중단도 FDA 명령에 의한 것이었으며, 2020년부터는 모든 전자담배 제품의 데이터를 FDA에 제출해 심사를 받도록 했다.

국민건강 최우선의 정책 실행

2022년 2월 바이든 행정부는 향후 25년간 암 사망률을 절반으로 낮추겠다는 '캔서 문샷(Cancer Moonshot)' 정책을 발표하고, 전례 없는 담배 규제 정책을 연이어 발표했다. 이는 미국 정부가 담배 규제를 국민건강 보호의 최우선 과제로 삼고 있음을 보여준다.

미국의 담배 규제가 우리에게 주는 교훈은 명확하다. FDA라는 단일 기관이 담배 규제의 모든 권한을 갖고 통합적으로 집행하며, PMTA 같은 사전승인 제도로 위해한 제품의 시장 진입을 원천 차단하고, 구체적인 법령 조항(21 CFR Part 1100, 1114, 1130 등)에 근거한 강력한 제재를 실행하며, 쥴 판매 금지처럼 즉각적이고 단호한 조치를 취하고, 민사 소송을 통해 수백억 원 단위의 배상 책임을 물어 경제적 제재를 가한다는 것이다. 대한민국도 이제는 담배를 세금의 원천이 아니라 퇴출해야 할 공중보건의 위협으로 인식하고, 미국처럼 강력하고 통합적인 규제 체계를 구축해야 한다.

〈가족흡연예방 및 담배규제법 규정 요약〉

■ 입법 배경 및 목적

- 제정 필요성: 담배 사용이 예방 가능한 조기 사망의 주요 원인으로, 매년 40만 명 이상 사망
- 청소년 문제: 신규 담배 사용자의 대부분이 미성년자 시기에 시작, 니코틴 중독 발생
- 광고의 영향: 담배 업계가 신규 사용자 유치 및 기존 사용자 유지를 위해 연간 130억 달러 투자

■ FDA의 규제 권한
- 식품의약품안전처(FDA)에게 담배 제품 규제 권한 부여
- 담배 제품 센터 설립(90일 이내)
- 소규모 담배 제품 제조업체 지원 사무소 설립

■ 담배 제품 정의 및 분류
- 담배 제품: 인간 소비 목적의 담배 또는 담배 파생 제품
- 무연담배: 입이나 코에 놓기 위해 잘라내거나 분말로 만든 제품
- 직접 말아 피우는 담배: 소비자가 담배를 만드는 데 사용하는 제품

■ 담배 제품 경고 요구사항
- 패키지 라벨: 상단 50% 이상에 9가지 경고 문구 중 하나 게시
  - "담배는 중독성이 있다"
  - "담배는 치명적인 폐질환을 유발한다"

- "담배는 암을 유발한다" 등
- 광고 요구사항: 광고 면적의 최소 20% 이상에 경고 문구 포함
- 시각 그래픽: 제정 후 24개월 내 컬러 그래픽 요구사항 규정 발행

■ 제품 등록 및 정보 공개
- 연간 등록: 모든 담배 제품 제조·수입업체가 비서에게 등록
- 성분 공개: 담배 제품의 모든 성분, 연기 성분 공개 요구
  - 초기 제출: 제정 후 6개월 이내
  - 3년 후부터: 유해 성분 및 연기 성분 공개
- 문서 제출: 건강 관련 연구 결과 및 마케팅 자료 제출 의무

■ 담배 제품 기준
- 향료 금지: 멘톨 제외 모든 인공·천연 향료, 허브, 향신료 금지(제정 후 3개월)
- 살충제 잔류물: 외국산 담배도 국내산 담배와 동일 기준 적용(제정 후 2년)
- 기준 개정: 장관이 공중보건 보호를 위해 정기적으로 기준 재평가

■ 시판 전 검토
- 신제품 신청: 2007년 2월 15일 이후 신규 제품이나 수정 제품은 시판 전 검토 필요

- 신청 내용: 건강 정보, 구성 요소, 제조 방법, 라벨 샘플 포함
- 검토 기간: 신청 후 180일 이내 승인 또는 거부 결정
- 거부 사유: 공중보건 보호 부족, 위조 가능성, 거짓 라벨링 등

■ 변조 위험 제품(Modified Risk Tobacco Products)
- 정의: 기존 담배 제품보다 해로움이나 위험을 줄인다고 판매하는 제품
- 마케팅 조건:
  - "가볍다", "약하다" 등 표현 금지(제정 후 12개월)
  - 소비자 인식 테스트 필수
  - 시판 후 감시 및 연구 의무(5년 기한)
- 승인 기준: 개인 사용자와 전체 인구에 대한 실질적 위험 감소 입증 필요

■ 광고 및 홍보 제한
- 소매점 규제: 광고 제한 적용
- 무료 샘플 배포: 자격을 갖춘 성인 전용 시설에서만 허용(제정 후 1년)
  - 성인당 1개 패키지(15g) 제한
  - 신분증 확인 필수
- 원격 판매 규제: 미성년자 구매 방지(제정 후 18개월 규정 공포)

■ 불법 거래 방지
- 라벨 요구사항: "미국에서만 판매 가능" 표시(제정 후 15개월)
- 기록 보관: 모든 제조·유통 관계자가 추적 가능한 기록 유지
- 검사 권한: 불법 거래 합리적 의심 시 기록 검사 가능
- 통지 의무: 불법 거래 인식 시 법무장관·재무장관에게 통지

■ 수수료(User Fees)
- 용도: FDA 담배 규제 활동 자금
- 연도별 금액:
  - 2009년: 8,500만 달러
  - 2010년: 2억 3,500만 달러
  - 2019년 이후: 7억 1,200만 달러
- 배분: 담배, 시가, 무연담배, 씹는담배 등 종류별로 백분율 배분

■ 자문위원회
- 담배 제품 과학 자문위원회: 12명 구성(제정 후 6개월)
  - 의사, 과학자, 정부 관계자, 일반인, 산업 대표, 재배자 대표 포함
  - 니코틴 의존성, 위험 감소 제품 등에 관해 자문

2
영국의 담배법 현황과 정책 방향

영국 담배 및 전자담배 법안(Tobacco and Vapes Bill 2024-25)

영국은 2024년 11월 26일 세계에서 가장 강력한 수준의 담배 규제 법안인 '담배 및 전자담배 법안(Tobacco and Vapes Bill 2024-25)'의 2차 독회를 찬성 415표 대 반대 47표로 통과시켰다. 이 법안은 2009년 1월 1일 이후 출생자(현재 15세)에게 평생 담배 판매를 금지하는 혁명적인 내용을 담고 있다. 담배를 구매할 수 있는 법정 연령을 매년 1년씩 상향 조정해, 결국 모든 세대가 담배를 구매할 수 없는 '비흡연 세대(Smokefree Generation)'를 만드는 것이 목표다.

법안에는 학교, 병원, 어린이 놀이터 등 특정 실외 공간에서의 흡연 금지, 전자담배 광고 및 스폰서 금지, 자판기 전자담배 판매 금지, 미성년자가 선호할 만한 전자담배 맛과 포장 제한 등의 규정이 포함되어 있다. 또한 일회용 전자담배는 별도 법률에 따라 2025년 6월부터 금지된다.

EU 담배제품지침과 멘솔 금지

영국의 담배 규제는 EU 담배제품지침(Tobacco Products Directive 2014/40/EU, TPD)에서 출발했다. 2014년 채택된 TPD는 2016년 5월 20일 영국법인 '담배 및 관련 제품 규정(Tobacco and Related Products Regulations 2016, TRPR)'으로 국내법화되었다.

TPD의 핵심 조항인 Article 7은 "회원국은 특성화 향료(characterising flavour)를 포함한 담배 제품의 시장 출시를 금지해야 한다"고 규정한다. 이에 따라 2017년 5월 20일 바닐라, 캔디, 과일 등 대부분의 가향 담배가 금지되었고, 시장 점유율 3% 이상인 멘솔은 3년의 유예기간을 거쳐 2020년 5월 20일 완전 금지되었다.

멘솔 담배 금지는 필터, 종이, 패키지, 캡슐 등 담배 제품의 냄새나

맛을 변경할 수 있는 모든 기술적 특징에도 적용된다. 그리고 멘솔 금지 위반 시 처벌도 강력하다. 몰타의 경우 불법 판매 시 첫 위반은 200~1,000유로의 벌금이 부과되며, 2차 이상 위반 시에는 벌금에 더해 최대 3개월의 징역형이 선고될 수 있고, 불법 제품은 전량 압수된다.

의약품의료제품규제청(MHRA)

영국의 담배 규제는 의약품의료제품규제청(Medicines and Healthcare Products Regulatory Agency, MHRA)이 담당한다. MHRA는 담배 제품뿐 아니라 전자담배 및 관련 제품의 제조, 판매, 마케팅을 규제한다.

MHRA의 주요 업무는 다음과 같다. 첫째, TPD 및 TRPR에 따른 담배 제품 규제 집행. 둘째, 전자담배 제품의 사전 신고 접수 및 심사. 셋째, 담배 제품의 성분, 배출물, 판매 데이터 모니터링. 넷째, 위반 업체에 대한 단속 및 제재. 다섯째, 경고 그림 및 포장 규제 시행.

표준화 포장과 강력한 경고 그림

TPD는 담배 포장의 65% 이상을 그래픽 경고 그림으로 덮도록 규정한다. 영국은 2016년부터 표준화 포장(plain packaging)을 도입해 모든 담배 제품이 동일한 크기, 색상(drab dark brown), 글꼴을 사용하도록 했다. 브랜드 로고는 최소화되고, 대신 흡연의 위해성을 보여주는 충격적인 이미지가 대부분을 차지한다.

또한 10개비 소포장 담배는 금지되어 최소 20개비 이상 판매해야 하며, 담배 자동판매기 설치도 엄격히 제한된다. 이러한 조치는 청소년의 담배 접근성을 낮추고 흡연을 비정상화하는 데 기여했다.

전자담배 규제

영국은 전자담배에 대해서도 명확한 규제를 시행한다. TPD에 따라 니코틴 함량은 최대 20mg/ml로 제한되며, 리필 탱크 용량은 2ml, 니코틴 함유 전자담배액 판매 용량은 10ml로 제한된다. 모든 전자담배 제품은 MHRA에 사전 신고해야 하며, 포장은 아동 보호 및 변조 방지 기능을 갖춰야 한다.

2024년 담배 및 전자담배 법안은 전자담배 광고를 전면 금지하고, 미성년자를 대상으로 한 맛(예: 사탕, 과일 향)과 화려한 포장을 제한한다. 일회용 전자담배는 2025년 6월부터 완전 금지된다.

국민건강 최우선의 정책 실행

영국의 담배 규제는 단순한 법 제정에 그치지 않고 실질적인 집행을 통해 성과를 내고 있다. 영국은 2009년생 이후 평생 담배 판매 금지, 멘솔 및 가향 담배 완전 금지, 표준화 포장과 충격적 경고 그림, 전자담배 엄격 규제, 일회용 전자담배 금지 등 세계에서 가장 강력한 담배 규제를 시행하고 있다. 이러한 정책의 목표는 명확하다. 2030년까지 무연 영국을 달성하고, 미래 세대가 담배의 위해로부터 완전히 자유로운 사회를 만드는 것이다. 대한민국도 영국의 사례를 참고해 국민건강을 최우선으로 하는 강력하고 통합적인 담배 규제 체계를 구축해야 한다.

〈Tobacco and Vapes Bill 2024-25 규정 요약〉

■ 연령 제한 판매 규제(제1-3부)
- 세대별 판매 금지: 2009년 1월 1일 이후 출생자에게 담배제품, 허브 흡연제품, 담뱃잎 종이 판매 금지
- 18세 이상이 2009년 이후 출생자를 위해 담배 구매하는 것도 금지(최대 4단계 벌금)
- 담배 자판기 운영 금지, 개별 포장되지 않은 담배 판매 금지
- 베이프 및 니코틴 제품은 18세 미만에게 판매 금지

- 판매점에 연령 제한 안내문 의무 게시

■ 소매 면허제(제16-22조, 제84조)
- 잉글랜드/웨일스/북아일랜드: 담배, 베이프, 니코틴 제품 판매시 개인면허 및 사업장면허 필수
- 면허 조건 위반 시 최대 £2,500 벌금
- 면허 정보 공개 및 정기 검토 시스템
- 지역 당국이 면허 발급 및 관리

■ 스누스(Snus) 금지(제7-9조, 제55-57조, 제73-75조)
- 구강용 담배제품(스누스) 제조, 판매, 공급 목적 소지 전면 금지
- 위반 시 최대 2년 징역 또는 벌금
- 세관 직원의 압수 및 48시간 구금 권한

■ 제품 및 정보 요구사항(제5부)
- 포장 규제: 브랜딩, 로고, 외관, 크기, 형태 등 세부 규제
- 제품 특성: 향료, 함유 물질, 배출물 규제
- 등록제: 제조업체의 제품 등록 의무
- 안전성: 제품 테스트 및 리콜 권한

■ 광고 및 후원 금지(제6부)

- 담배, 베이프, 니코틴 제품의 광고 출판, 디자인, 인쇄, 배포 금지
- 인터넷 서비스를 통한 광고 금지
- 브랜드 공유 및 후원 활동 금지
- 위반 시 최대 2년 징역 또는 벌금
- 예외: 전문 담배점 내부, 업계 간 거래

■ 금연/금베이프 구역(제7부)
- 금연 구역: 직장, 공공장소로 확대 가능
- 금베이프 구역: 금연 구역에만 지정 가능
- 가열담배 금지 구역: 별도 지정
- 관리자의 단속 의무 및 표지판 설치 의무
- 위반 시 단계별 벌금(1-4단계)

■ 집행 및 처벌
- 제한 판매 명령: 상습 위반자에 대한 최대 1년 판매 금지
- 제한 사업장 명령: 위반 사업장에 대한 최대 1년 판매 금지
- 고정 벌금 통지: £200(14일 내 납부 시 50% 감면)
- 지방 당국의 집행 프로그램 운영 의무

■ 시행일
- 대부분 조항: 법안 통과 후 6개월

- 연령 제한 판매 조항: 2027년 1월 1일
- 면허제: 별도 규정에 따라 시행
- 광고 금지: 일부 즉시, 일부 추후 지정

■ 특징

- 영국 전역(잉글랜드, 웨일스, 스코틀랜드, 북아일랜드) 적용되나 지역별 세부 규정 차이
- 세대별 금연 정책으로 점진적 담배 판매 종료 목표
- 베이프 제품도 담배와 유사한 수준으로 규제

3

호주의 담배법 현황과 정책 방향

호주는 세계에서 가장 엄격한 담배 규제 정책을 시행하는 국가로 평가받고 있다. 호주 정부는 포괄적인 법적 틀을 통해 공중보건을 보호하려는 강력한 의지를 보여 왔다.

통합 담배법: Public Health(Tobacco and Other Products) Act 2023

2023년 제정되어 2024년 4월 1일부터 시행된 이 법(Act No. 118 of 2023)은 기존의 Tobacco Advertising Prohibition Act 1992, Tobacco

Plain Packaging Act 2011, Competition and Consumer(Tobacco) Information Standard 2011 등 여러 담배 관련 법률을 통합한 연방법으로, 호주 담배 규제의 핵심적 법적 근거가 되었다. 이 법은 2025년 7월 1일부터 전면 시행되며, 담배 제품의 매력을 감소시키고 흡연의 위해성을 명확히 하는 것을 목표로 한다.

주요 규제 내용은 다음과 같다:

1. 가향물질 및 첨가물 금지 : 이 법은 멘톨, 럼, 정향 등 모든 향료와 크러쉬볼(crush balls) 등의 첨가물을 금지한다. 이러한 물질들은 담배의 거친 맛을 감추고 중독성을 높이며 금연을 어렵게 만드는 것으로 알려져 있다. 2025년 7월 1일부터 멘톨 담배와 멘톨 첨가물은 호주에서 완전히 판매가 금지된다.

2. 제품명 규제 : '스무스(smooth)', '골드(gold)' 등 일부 제품이 덜 해롭다는 잘못된 인식을 줄 수 있는 제품명이 제거된다.

3. 표준화된 포장 규격 : 모든 담배 포장은 20개비, 필터 시가 포장은 20개, 수제 담배 파우치는 30그램으로 표준화된다.

전자담배 규제(Therapeutic Goods and Other Legislation Amendment) Act 2024

2024년 7월 1일부터 시행된 이 법은 Therapeutic Goods Act 1989에 Chapter 4A를 신설하여 전자담배 규제의 획기적인 전환점이 되었다.

구체적인 내용으로는 모든 전자담배는 약국을 통해서만 판매되며, 담배 가게, 전자담배 전문점, 편의점 등 일반 소매점에서의 판매가 전면 금지되었고, 일회용 전자담배의 수입, 제조, 판매, 상업적 소유 및 광고가 완전히 금지되었다. 그리고 치료용 전자담배는 무향, 민트, 멘톨, 담배향으로만 제한된다. 2024년 6월부터 기타 모든 향료가 불법화되었다.

마지막으로 2021년 10월부터 니코틴 함유 전자담배는 호주 등록 의사의 처방전 없이 구매, 소유, 사용이 불법이다. 단, 2024년 10월부터는 약사가 18세 이상 성인에게 20mg/mL 이하의 니코틴 농도 전자담배를 상담 후 처방전 없이 공급할 수 있다.

제재 규정과 처벌

호주의 담배 및 전자담배 규제 위반에 대한 처벌은 세계적으로도 가장 엄격한 수준이다(연방 차원의 처벌, Therapeutic Goods Act 1989).

1. Section 41Q - 전자담배 수입 위반
- 형사처벌: 7년 이하의 징역 또는 5,000 penalty units(현재 1 penalty unit = $330, 총 $1,650,000) 또는 병과

2. Section 41QA - 전자담배 제조 위반
- 형사처벌: 7년 이하의 징역 또는 5,000 penalty units 또는 병과

3. Section 41QB - 전자담배 공급 위반
- 형사처벌: 7년 이하의 징역 또는 5,000 penalty units 또는 병과

4. Section 41QC - 상업적 수량 이상의 전자담배 소지 위반
- 상업적 수량의 100배 미만: 형사처벌 5년 이하의 징역 또는 2,000 penalty units 또는 병과
- 상업적 수량의 100배 이상 1,000배 미만: 형사처벌 7년 이하의 징역 또는 5,000 penalty units 또는 병과
- 상업적 수량의 1,000배 이상: 형사처벌 7년 이하의 징역 또는 5,000 penalty units 또는 병과

실제 집행 사례 및 형사 사건

※ Victorian Joint Organised Crime Taskforce 사건(2025년 9월)

2025년 9월 10일, Australian Federal Police(AFP) 공식 발표에 따르면, 멜버른의 주요 불법 담배 공급 조직의 수괴로 추정되는 인물이 체포되었다.

사건 개요:
- 체포일자: 2025년 9월 9일
- 체포 장소: North Coburg
- 혐의: 10개월 동안 7톤 이상의 잎담배, 약 500만 개비의 담배, 5,000개 이상의 전자담배를 불법 수입 및 유통
- 관련 조직: Victorian Joint Organised Crime Taskforce(AFP, Victoria Police, Australian Border Force 공동)
- 수법: 부엌 용품과 의류 화물에 담배를 은닉하여 여러 국가에서 항공 및 해상 화물로 수입
- 추가 체포: 2명 추가 체포, 2025년 9월 11일 Melbourne Magistrates' Court 출두 예정

호주정부의 강력한 금연 정책의지

호주의 담배 규제 정책은 포괄적인 법적 틀, 엄격한 처벌, 그리고 효과적인 기관 간 협력을 통해 실제로 국민건강 보호라는 목표를 달성하고 있다. 2025년 현재 호주의 성인 일일 흡연율은 8% 이하로 세계 최저 수준이며, 청소년 전자담배 사용률도 감소 추세를 보이고 있다. 호주의 사례는 강력한 법적 근거, 적극적인 집행, 그리고 기관 간 협력이 결합될 때 담배 규제 정책이 실질적인 공중보건 성과를 거둘 수 있음을 보여주는 모범 사례라 할 수 있다.

〈Public Health(Tobacco and Other Products) Act 2023 규정 요약〉

■ 법안 개요
- 법안명: Public Health(Tobacco and Other Products) Bill 2023
- 제출 기관: 호주 연방의회 하원
- 주관 부처: 보건 및 노인복지부(Health and Aged Care)
- 목적: 담배 및 관련 제품 사용 억제 및 공중보건 증진

■ 법안의 주요 목표(제3조)

(1) 기본 목표
- 담배 제품 흡연 및 규제 담배 품목 사용 억제
- 흡연자 및 규제 담배 품목 사용자의 금연 장려
- WHO 담배규제기본협약(FCTC) 이행
- 전자담배 사용 및 베이핑의 공중보건 위험 해결

(2) 목표 달성 수단
- 흡연/베이핑 유도 커뮤니케이션 노출 제한
- 규제 담배 품목 및 전자담배 제품의 소비자 매력도 감소
- 담배 제품 소매 포장의 오도 방지
- 담배 제품 사용의 건강 영향에 대한 소비자 지식 증진
- 포장 건강경고 및 건강증진 메시지 효과성 증대
- 재흡연/재베이핑 방지
- 니코틴 중독 예방 및 감소
- 담배 연기 노출 감소
- 담배 제품의 환경 위험 감소
- 담배 제품 신규 개발 및 혁신 제한
- 전자담배의 흡연 입문 경로화 위험 제한
- 담배 제품 및 담배 산업에 대한 공중 인식 제고

■ 담배 제품(제9조)
- 인간 소비/사용을 위한 가공 담배(모든 형태)
- 담배를 원료로 포함한 제품
- 담지(cigarette), 시가(cigar), 파이프 담배 등 포함
- 전자담배 제품 및 특정 치료용품은 제외

■ 담배 제품 부속품(제10조)
- 담배 종이, 담배 롤러, 필터 팁
- 담배 시트/튜브 형태 포장지
- 향/냄새 변경 장치(카드, 캡슐, 비드 등)
- 파이프 담배용 파이프

■ 전자담배(제11조)
- 흡입용 에어로졸/증기를 전자적으로 생성하는 장치
- 흡연과 유사한 경험을 제공하도록 설계된 장치
- e-시가, e-후카펜, e-파이프, 베이프 등 포함
- 장난감, 음식, 만화 캐릭터 등 형태도 포함 가능

■ 전자담배 부속품(제12조)
- 카트리지, 캡슐, 포드 등 액체 용기
- 액체, 가스, 에어로졸, 증기 등 물질

- 발열 요소
- 전용 배터리

■ 담배 광고 금지(제2.2부)
- 금지 행위: 담배 광고 게시, 승인, 유발
- 벌칙:
  - 개인: 최대 2,000 벌점 단위
  - 법인: 최대 20,000 벌점 단위
  - 민사 벌금 동일
- 예외 사항:
  - 라벨링 및 포장
  - 일반 사업 문서
  - 사업장 간판
  - 정부/정치 사항 커뮤니케이션
  - 예술 작품 및 공익 표현
  - 저널리즘
  - 소비자 문제(리콜, 결함 공개 등)

■ 허용되는 광고 게시(제2.2부 제5분과)
- 주/준주 법률 준수 시 물리적 판매장소
- 주/준주 또는 연방 규정 준수 시 온라인 판매

- 업계 간 통신
- 통신 및 온라인 서비스 제공자(단순 전달 역할)
- 해외 인쇄 정기간행물
- 규제 준수 활동
- 국제선 항공기 내

■ 담배 후원 금지(제2.3부)
- 흡연 또는 규제 담배 품목 홍보 기여 금지
- 정치 기부 및 선거 지출은 예외

■ 전자담배 광고/후원 금지(제2.4부, 제2.5부)
- 담배와 동일한 규제 체계 적용
- 추가 예외: 치료용품법상 승인된 광고

■ 소매 포장 정의(제71조)
- 직접 담배 제품이 담긴 용기
- 소용기를 담은 대용기
- 포장을 덮는 플라스틱/기타 포장지
- 삽입물(insert) 및 부착물(onsert)
- 용기 내부 라이닝

■ 물리적 특징(제74조)
- 규정에 따른 물리적 특징 준수

■ 색상 및 마감(제75조)
- 기본 색상: 팬톤 448C(어두운 갈색)
- 건강경고, 필수 표시, 브랜드/변종명은 예외

■ 표준화(제76조)
- 단위 수, 질량, 부피 규정
- 가격 책정 규정
- 시샤 담배 제품 예외

■ 금지 용어 및 표시(제77조)
- 금지 용어 불가:
  - 무해/저해 암시(low tar, light, mild 등)
  - 긍정적 특성(cool, extra, fresh 등)
  - 색상 명칭(black, blue, gold 등)
  - 필터 언급
  - 비알파벳 문자, 숫자, 표의문자
  - 긍정적 건강효과 암시(organic, natural 등)
  - 금지 성분 암시(caffeine, menthol, vitamin 등)

- 허용 표시: 건강경고, 필수 표시, 브랜드/변종명, 규정 허용 표시
- 제한: 오도, 건강경고 가림, 담배 광고 구성 금지

■ 건강경고(제78조)
- 규정된 이미지/이미지 조합 표시
- 최고의료책임자(Chief Medical Officer) 권고 필수
- 새 경고 시행: 제정 후 6개월 후

■ 필수 표시(제79조)
- 규정 처방 표시
- 건강경고 가림 금지

■ 포장지(제80조)
- 플라스틱/기타 포장지 규정 준수

■ 담배 제품 부속품(제81조)
- 규정 허용 외 포장 내 부속품 금지

■ 삽입물 및 부착물(제82조)
- 건강증진 삽입물 포함 의무
- 기타 규정 삽입물/부착물만 허용

- 최고의료책임자 권고 필수

■ 소음/냄새 금지(제83조)
- 포장에서 소음 발생 또는 냄새 포함 금지

■ 판매 후 변경 금지(제84조)
- 열반응 잉크, 점진 표시 잉크, 긁어내기 패널, 탈착 탭, 접이식 패널 등 금지

■ 명명 요구사항(제3.3부 제2분과)
- 브랜드명/변종명에 금지 용어 사용 불가

■ 제품 외관(제86조)
- 금지 용어 표시 불가
- 규정 허용/요구 표시만 가능
- 외관 및 물리적 특징 규정 준수

■ 제품 내용물(제87조)
- 규정 금지 성분 포함 불가
- 시샤 담배의 당밀 예외
- 규정 허용 성분 포함 가능

■ 금지 장치(제88조)
- 규정 금지 장치 포함 불가

■ 담배 제품 기준(제3.3부 제4분과)
- 성능 요구사항 준수(제89조)
- 테스트 요구사항 준수(제90조)

■ 담배 제품 부속품(제3.3부 제5분과)
- 담배 제품의 향/냄새 변경 기능 금지(제91조)

■ 일반 위반
- 소매 포장 없는 판매: 개인 2,000/법인 20,000 벌점
- 비준수 포장 판매/공급: 동일
- 비준수 포장 구매: 동일(개인 사용 예외)
- 비준수 포장 소지: 동일(개인 사용 일정량 예외)
- 비준수 포장 제조: 동일
- 비준수 규제 품목 제조: 동일

■ 헌법상 법인 관련 위반
- 헌법상 법인과의 거래 시 추가 처벌 규정
- 위반 유형 및 처벌 수준 동일

■ 수출 예외(제120조)
- 수출 목적 계약/합의 존재 시
- 소매 판매 아닌 경우

■ 영구 금지 담배 제품(제4장)
- 씹는 담배(chewing tobacco) 영구 금지
- 구강용 스너프(snuff) 영구 금지
- 위반 시 동일 처벌 체계
- 개인 사용 수입은 타법 허용 시 예외

■ 보고 주체(제130조)
- 호주 내 판매/공급 담배 제품 제조자
- 호주 내 판매/공급 담배 제품 수입자

■ 담배 제품 성분 보고(제131조)
- 각 종류별 제조 성분 확인
- 회계연도 종료 후 30일 이내 제출
- 포함 내용: 브랜드/변종명, 성분 화학명/통용명/상표명, 사용 목적, 성분량

■ 담배 제품 물량 보고(제132조)
- 수입 총량(단위 수, 킬로그램)
- 판매/공급 총량
- 총 매출액(소비세 포함)
- 폐기 총량
- 회계연도 종료 후 30일 이내

■ 마케팅 및 판촉 지출 보고(제133조)
- 마케팅, 판촉, 후원 활동
- 기업 사회적 책임 활동
- 소매 포장 개발/디자인
- 정치 기부
- 로비 활동
- 산업 단체 지원
- 자선 활동
- 리베이트 및 보상 시스템
- 소셜미디어 인플루언서 계약
- 회계연도 종료 후 30일 이내

■ 보고서 통합 및 그룹 보고(제138-139조)
- 동일 회계연도 2개 이상 보고서 통합 가능

- 관련 법인 간 그룹 보고 가능

■ 보고서 공개(제145조)
- 장관이 적절한 방식으로 공개
- 영업비밀 또는 상업적 가치 정보는 비공개
- 연구/정책 개발/데이터 분석 목적 제한적 공개 가능

■ 미준수 정보 공개(제147조)
- 보고 의무 미이행 시 장관이 공개 결정 가능
- 주체 신원 및 미준수 세부사항 공개
- 행정심판소 재심 가능

■ 위반 처벌(제148조)
- 보고 의무 위반: 20 벌점 단위
- 계속 위반 시 일일 최대 벌금 10%

■ 권한 있는 공무원(제6.2부)
- 장관이 임명
- 정보/문서 제공 요구 권한
- 출석 및 질문 답변 요구 권한
- 자기부죄 특권 배제(단, 형사 증거 사용 제한)

■ 모니터링 권한(제6.3부 제1분과)
- 규제권한법 제2부 적용
- 영장 또는 동의하 시설 출입
- 샘플링 및 테스트 추가 권한
- 공개 영역 출입 시 신분증 제시 면제 가능

■ 조사 권한(제6.3부 제2분과)
- 규제권한법 제3부 적용
- 영장에 따른 출입, 수색, 압수
- 압수 규제 담배 품목 몰수 가능(제157조)
- 소유자 반환 신청 가능(치안판사)
- 미신청 또는 기각 시 연방 귀속

■ 집행 메커니즘(제6.4부)
- 민사 벌금 부과(규제권한법 제4부)
- 위반통지서 발급(규제권한법 제5부)
- 이행 약속 수락(규제권한법 제6부)
- 금지명령 획득(규제권한법 제7부)

■ 파트너십/비법인 단체/신탁 처리(제7.2부 제2분과)
- 파트너십: 각 파트너에게 의무 부과, 누구나 이행 가능

- 비법인 단체: 각 관리위원에게 의무 부과
- 신탁: 수탁자에게 의무 부과

■ 비용 회수(제7.3부)
- 활동별 수수료 처방 가능
- 연체료 부과 가능
- 법원 통해 채무 회수 가능
- 장관의 수수료 면제/환불 권한

■ 헌법적 근거(제7.4부)
- 주요 근거: 외교 권한(헌법 51(xxix)조) - WHO FCTC 이행
- 추가 근거:
  - 거래 및 상업 권한
  - 통신 권한
  - 지적재산 권한
  - 법인 권한
  - 영토 권한
  - 지리적 외부 측면

■ 위임(제181-182조)
- 장관: 특정 기능을 장관에게 위임 가능

- 장관: SES 직원에게 위임 가능

■ 규정 제정(제185조)
- 총독이 규정 제정
- 규제 담배 품목 관련 규정: 제3조(1)(a), (b) 목표 추진 필요
- 전자담배 관련 규정: 제3조(1)(a), (c) 목표 추진 필요
- 타 문서 통합 가능
- 상호인정법 일시 면제 선언 가능

4
일본의 담배법 현황과 정책 방향

일본 담배 규제 정책의 현황과 실제

일본은 2005년 WHO 담배규제기본협약(FCTC)을 비준하고 2000년부터 건강일본21 정책을 통해 담배 규제를 추진해 왔다. 그러나 WHO는 일본의 담배 규제 수준을 여전히 최하위 수준으로 평가하고 있으며, 특히 궐련형 전자 담배의 급속한 확산과 규제 미비는 국제적으로 우려를 받고 있다. 일본과 한국의 담배 규제 법체계는 역사적 배경과 구조 면에서 많은 유사점을 보인다.

양국은 공통적으로 전매제도의 역사, 이원적 법체계, 정부의 담배 산업 이해관계, 권렬형 전자 담배 시장을 선도한다는 점이다.

수동흡연 방지의 출발점, 건강증진법

일본 담배 규제의 기본법은 2002년 제정된 건강증진법이다. 이 법은 오랫동안 수동흡연 방지에 대한 명확한 규정이 없어 비판을 받아왔다. 그러다 2018년 7월 일부 개정법이 성립하여 2020년 4월 1일부터 전면 시행되면서 비로소 실질적인 규제가 시작되었다. 개정 건강증진법의 핵심은 수동흡연 방지를 개인의 매너 차원에서 사회적 규칙으로 전환했다는 점이다. 다수가 이용하는 시설은 원칙적으로 옥내 금연이 되었고, 흡연실을 설치하려면 엄격한 기술적 기준을 준수해야 한다. 특히 20세 미만자의 흡연 구역 출입을 전면 금지한 것은 청소년 보호라는 측면에서 의미 있는 진전이었다.

120년의 역사를 가진 미성년자 흡연 금지법

일본의 미성년자 흡연 금지법은 놀랍게도 명치 33년, 즉 1900년 3월 7일에 제정된 매우 오래된 법률이다. 이 법은 120년이 넘는 세월 동안 유지되어 왔으며, 2022년 4월 1일 민법 개정으로 성년 연령이 18세로 인하되었음에도 불구하고 흡연 가능 연령은 여전히 20세 이상으로 유지하고 있다. 이 법의 제1조는 단순명료하다. "20세 미만인 자는 담배를 피울 수 없다." 그러나 주목할 점은 흡연한 미성년자 본인에 대한 형사 처벌 규정은 없다는 것이다. 위반한 경우 행정처분으로 담배와 흡연 기구를 몰수할 수 있지만, 이 규정은 실효성이 없는 것으로 평가받고 있다.

대신 이 법은 주변 성인들에게 책임을 묻는다. 친권을 행사하는 자가 자녀의 흡연 사실을 알면서도 제지하지 않으면 과료에 처해진다. 담배를 판매하는 자는 20세 미만인 자의 흡연 방지를 위해 연령 확인 등 필요한 조치를 강구해야 하며, 미성년자가 자신이 사용할 것임을 알면서 담배를 판매한 경우 50만 엔 이하의 벌금에 처해진다.

액상형 전자담배, 가향물질에 대한 규제 사각지대

액상형 전자담배에 대한 일본과 한국의 규제는 더욱 복잡하고 문제가 많다. 일본에서는 니코틴 함유 리퀴드가 의약품의료기기등법(약기법)에 따라 판매가 금지되어 있다. 또한 한국과 마찬가지로 가열식 담배 및 액상형 전자담배에 대한 가향물질 규제가 전무하다. 멘톨, 과일향, 바닐라향 등 다양한 향료가 첨가된 제품이 자유롭게 판매되고 있다. 가향물질이 청소년의 흡연 시작을 유도한다는 수많은 연구 결과에도 불구하고, 아직 규제를 시행하지 않고 있다.

건강증진법 위반에 대한 단계적 제재

일본의 건강증진법 위반에 대한 제재는 단계적으로 이루어진다. 위반이 발각되면 즉시 과료가 부과되는 것이 아니라, 먼저 지도와 조언이 이루어지고, 이를 따르지 않으면 권고, 그다음 명령과 공표, 최종적으로 과료 부과의 순서로 진행된다. 금연 장소에서 담배를 피운 개인은 최대 30만 엔의 과료를 물게 된다. 시설 관리권원자가 금연 장소에 흡연 기구나 설비를 설치하거나, 흡연실의 기준을 준수하지 않거나, 20세 미만자를 흡연실에 출입시킨 경우에는 최대 50만 엔의 과료가 부과된다.

여기서 주목할 점은 과료가 형사벌이 아니라 질서벌이라는 것이다. 도도부현 지사 등의 통지에 기초하여 지방재판소의 재판 절차를 통해 결정된다. 이는 경범죄보다는 가벼운 처벌이지만, 사회적 규범을 강제하는 수단으로는 충분히 기능한다. 2020년 4월 전면 시행 이후, 보건소 등을 통한 지도와 조언이 주를 이루고 있으며, 실제 과료가 부과된 사례는 제한적이다. 그러나 코로나19 상황이 진정되면서 보건소의 준수 상황 확인이 더욱 적극적으로 이루어질 것으로 예상된다.

담배규제 기관, 후생노동성

후생노동성은 일본의 담배 규제에서 가장 중요한 역할을 담당하는 기관이다. 국민 건강 증진 및 수동흡연 방지 정책을 총괄하며, 건강증진법의 시행과 감독, 건강일본21 추진, 담배규제기본협약(FCTC) 이행, 수동흡연 방지 대책 지도 등의 업무를 수행한다. 2024년 4월부터는 건강일본21 제3차가 시행되고 있다. 이는 20세 이상 흡연율, 20세 미만 흡연, 임신 중 흡연, 수동흡연 방지에 대한 구체적인 목표를 설정하고 있다. 후생노동성은 공중보건의 관점에서 담배를 규제하려는 입장을 견지하고 있다.

규제와 산업 보호의 딜레마를 가진 재무성

재무성은 담배사업법의 주무관청으로서 담배 제조와 판매 허가 및 감독, 담배 광고 지침 제정, 담뱃세 징수, 미성년자 흡연 방지 대책 요청 등의 업무를 수행한다. 재무성은 담배 규제와 담배 산업 보호라는 상충되는 두 가지 역할을 동시에 수행해야 한다. 이는 한국의 기획재정부가 담배사업을 관리하면서도 세수 확보를 우선시하는 것과 유사한 구조이다.

WHO의 낮은 평가와 그 이유

WHO는 일본의 담배 규제 수준을 최하위로 평가하고 있다. 주요 이유는 담배 광고 규제 미흡(역 등에서의 대형 광고 허용), 담배 가격 정책 미흡(OECD 국가 중 낮은 수준의 담뱃세), 실내 금연 정책의 예외 규정 과다, 담배 산업에 대한 정부의 이해관계(JT 주식 보유) 등이다. 한국도 비슷한 평가를 받고 있으나, 2016년 경고 그림 도입, 2015년 담배 가격 인상 등으로 일본보다는 다소 앞서 있는 것으로 평가된다. 그러나 양국 모두 담배규제기본협약(FCTC)에서 요구하는 수준에는 미치지 못하고 있다.

한국과 유사한 일본

일본의 담배 규제 정책은 2020년 개정 건강증진법 전면 시행으로 진일보했으나, 호주 등 선진국과 비교하면 여전히 많은 과제를 안고 있다. 특히 가열식 담배에 대한 안이한 대응, 담배 산업과의 구조적 이해

관계, 미흡한 광고 규제 등은 시급히 개선되어야 할 사항이다.

일본 정부는 연간 19만 명이 담배로 사망하는 현실을 직시하고, WHO FCTC의 권고를 충실히 이행하며, 국민 건강을 최우선으로 하는 담배 규제 정책을 추진해야 한다. 건강일본21(제3차)의 목표인 흡연율 감소와 수동흡연 방지를 달성하기 위해서는 정치적 의지와 함께 실효성 있는 법적 규제가 필수적이다.

5
해외 담배법에서 정부의 역할 분석

강력한 규제자이자 감시자로서 미국 정부

미국은 2009년 가족흡연예방 및 담배규제법(Family Smoking Prevention and Tobacco Control Act)을 제정하여 식품의약국(FDA)에 담배 규제 권한을 부여했다. FDA는 신규 담배 제품의 시판 전 승인권(Premarket Tobacco Product Application)을 가진다. 담배기업이 새 제품을 출시하려면 FDA의 허가를 받아야 한다. FDA는 제품의 성분, 디자인, 건강 영향, 마케팅 계획을 심사하고, 공중보건에 적합한지 평가한다.

FDA는 담배 제조시설을 직접 점검하고, 시판 제품을 수거하여 검사하며, 위반 제품은 즉시 퇴출시킨다. 담배 광고도 엄격히 규제하여, 청소년 대상 광고는 전면 금지하고, 성인 대상 광고도 사전 심의를 거친다. 그리고 웹사이트에 방대한 담배 정보를 공개한다. 허가된 제품 목록, HPHC 보고 데이터, 위반 사례, 행정처분 내역, 과학 연구 결과 등을 투명하게 공개한다. 소비자는 언제든지 정보를 확인하고, 제품 선택에 활용할 수 있다.

미국은 담배 규제 권한을 FDA에 집중시켰다. 제품 승인, 성분 규제, 시설 점검, 광고 심의, 정보 공개, 소비자 교육까지 FDA가 총괄한다. 권한이 통합되어 정책 일관성이 높고, 신속한 대응이 가능하다. 이런 강력한 무기를 가지고 공중보건 보호를 최우선으로 한다. 담배산업 발전이나 세수 확보는 고려 대상이 아니다. 담배기업과의 협력보다 감시와 규제에 집중한다. 소극적 허가권자가 아니라 적극적 규제자다.

포괄적 규제와 흡연 종식을 목표로 하는 영국 정부

영국은 보건사회복지부(Department of Health and Social Care)가 담배 규제를 총괄한다. 2016년 담배 및 관련제품 규정(Tobacco and Related Products Regulations)을 제정하여 EU 지침을 국내법화했다.

보건부는 모든 담배 제품의 신고를 받고, 성분과 배출물 정보를 수집하며, 위해성을 평가한다. 그리고 보건부는 가향 담배가 청소년 흡연을 유도한다는 과학적 증거를 바탕으로 전면 금지를 결정했다. 담배 포장도 plain packaging으로 전환하여, 브랜드 로고를 최소화하고 경고그림을 확대했다.

영국 정부는 2030년까지 흡연율을 5% 이하로 낮추는 "Smokefree 2030" 목표를 설정했다. 이를 위해 NHS(국민보건서비스)가 금연 지원을 무료로 제공하고, 지역사회 금연 프로그램을 운영한다. 임산부, 저소득층, 정신질환자 등 취약계층에 집중 지원한다.

영국은 "흡연 종식"이라는 명확한 목표를 설정하고, 이를 달성하기 위해 과감한 정책을 추진한다. 가향 담배 금지, plain packaging, 판매 연령 상향, 평생 판매 금지 등 한국에서는 상상하기 어려운 규제를 시행한다. 보건부가 담배 규제를 총괄하여 정책 일관성이 높고, 재무부는 개입하지 않는다. 세수 감소를 감수하고라도 국민건강을 우선시한다. 정부가 담배산업의 관리자가 아니라 국민건강의 수호자로 기능한다.

세계 최강의 담배규제 기관인 호주 정부

호주는 2012년 세계 최초로 담배 plain packaging을 도입했다. 모든 담배 포장을 동일한 어두운 갈색으로 통일하고, 브랜드 로고를 극도로 축소하며, 경고그림을 포장의 82.5%까지 확대했다. 담배기업들은 WTO에 제소했지만, 호주가 승소했다.

그리고 현재 전 세계에서 호주의 담배 가격이 가장 비싸다. 20개비 한 갑이 약 40호주달러(약 35,000원)에 달한다. 정부는 매년 담뱃세를 인상하여 가격을 올리고, 경제적 장벽으로 흡연을 억제한다. 담배 판매는 슈퍼마켓이나 전문점에서만 가능하고, 진열대에 담배를 보이지 않게 숨겨야 한다. 소비자가 요청하면 그때 꺼내 보여준다. 담배 광고는 전면 금지되고, 담배 후원도 금지된다.

호주는 흡연을 개인의 선택이 아니라 공중보건 위해로 간주한다. 흡연자의 권리보다 비흡연자와 아동의 건강권을 우선시한다. 담배기업의 영업의 자유보다 국민의 생명권이 중요하다는 확고한 철학이 있다. 보건부는 담배 규제를 최우선 과제로 삼고, 막대한 예산과 인력을 투입한다. 담배산업과의 협력을 거부하고, 오직 감시와 규제에만 집중한다. 정부가 담배산업의 적이라는 인식이 명확하다.

한국 정부의 역할 재정립 필요

　미국, 영국, 호주 정부는 담배를 국민건강의 최대 위협으로 보고, 강력한 규제자이자 감시자로 기능한다. 제품 승인, 성분 규제, 정보 공개, 적극적 캠페인, 과감한 정책 추진이 특징이다. 담배산업 발전이나 세수 확보는 부차적이다. 반면 한국 정부는 담배산업의 관리자이자 세금 징수자다. 소극적 허가권만 행사하고, 기업과 협력하며, 정보는 숨기고, 정책은 미온적이다. 부처 간 권한이 분산되어 일관성이 없고, 책임 소재가 불분명하다.

　한국도 담배 규제 권한을 보건복지부나 식약처로 통합하고, 강력한 규제권을 부여해야 한다. 제품 사전 승인제, 첨가물 금지, 성분 전면 공개, 적극적 정보 제공, 흡연 종식 목표 설정이 필요하다. 정부는 담배산업의 파트너가 아니라 국민건강의 수호자여야 한다. 선진국 사례를 참고하여 정부 역할을 전면 재정립해야 할 때다.

| 제5장 |

대한민국 담배법은 국민건강을 위한 법으로 바뀌어야 한다

1
담배사업자가 아닌 국민이 주인이 되는 법령으로 개정

담배 법제의 역사적 전환점

대한민국의 담배 관련 법제는 오랫동안 세금징수의 편의성과 사업자 관리라는 행정적 목적을 중심으로 운영되어 왔다. 담배사업법이 주된 법률로서 담배의 제조, 수입, 판매를 규율하면서 안정적인 세수 확보와 사업질서 유지에 초점을 맞춰왔고, 국민건강증진법은 부수적인 역할에 머물러 있었다. 이러한 법체계는 담배를 단순한 기호품이자 세원으로 바라보는 시각을 반영한 것이었다.

그러나 담배유해성관리에 관한 법률의 시행은 이러한 패러다임에 근본적인 변화를 예고한다. 이 법은 담배의 유해성을 정면으로 다루고, 국민의 건강권을 최우선 가치로 설정한다는 점에서 역사적 의미를 지닌다. 세수 확보나 산업 보호가 아닌, 담배로 인한 건강 피해를 최소화하고 궁극적으로 담배 없는 사회를 지향한다는 명확한 목표를 천명한 것이다.

기존 법제의 한계와 모순

담배사업법 중심의 법체계는 구조적 모순을 내포하고 있다. 국가가 한편으로는 담배의 제조와 판매를 허가하고 관리하면서, 다른 한편으로는 흡연을 억제하고 건강을 보호해야 하는 이중적 입장에 놓여 있기 때문이다. 담배사업법은 담배산업의 안정적 운영을 전제로 하고 있어, 담배 소비 감축이라는 공중보건 목표와 본질적으로 충돌할 수밖에 없다.

국민건강증진법 역시 금연구역 지정, 경고그림 표시 등의 조치를 규정하고 있으나, 담배사업법의 그늘 아래에서 실효성 있는 규제를 펼치기에는 한계가 있었다. 담배 가격 정책, 광고 규제, 판매 제한 등 핵심적인 담배 통제 정책들이 산업 보호와 세수 확보라는 논리에 가로막혀 적극적으로 추진되지 못했던 것이 현실이다.

담배유해성관리법의 의의와 과제

담배유해성관리에 관한 법률은 이러한 법적 공백과 모순을 해소할 수 있는 새로운 틀을 제시한다. 이 법은 담배의 유해성 평가, 유해물질 저감, 소비자 정보 제공 등을 통해 담배로 인한 건강 피해를 과학적으로 관리하고자 한다. 특히 담배 제품의 성분과 유해성에 대한 투명한 정보 공개를 의무화함으로써, 소비자 중심의 올바른 정보 접근권을 보장한다.

이는 흡연자와 비흡연자 모두의 권리를 명시적으로 보호하는 출발점이 된다. 흡연자는 자신이 소비하는 제품의 정확한 유해성 정보를 알 권리가 있으며, 비흡연자는 간접흡연으로부터 보호받을 권리가 있다. 더 나아가 담배회사가 은폐하거나 축소해온 유해성 정보가 투명하게 공개될 때, 폐암 등 담배 관련 질병으로 치료받는 환자들은 정당한 배상을 청구할 수 있는 법적 근거를 확보하게 된다. 담배유해성관리법이 진정한 효과를 발휘하기 위해서는 기존 법률들의 전면적 개정이 동반되어야 한다.

법 개정의 방향

첫째, 담배사업법은 산업 진흥이 아닌 산업 축소를 전제로 재편되어야 한다. 담배 제조와 판매의 허가 기준을 강화하고, 담배회사의 마케팅과 판촉 활동을 엄격히 제한하며, 담배 소매점의 수를 단계적으로 줄여나가는 방안이 법률에 명시되어야 한다.

둘째, 국민건강증진법은 더욱 강력한 규제 수단을 담아야 한다. 실내 전면 금연을 넘어 야외 공공장소까지 금연구역을 확대하고, 담배 가격 인상, 무광고 포장 의무화, 청소년 대상 판매 금지 강화 등을 적극 도입해야 한다. 특히 비흡연자의 간접흡연 피해 방지권을 명문화하고, 이를 침해받은 경우 구제받을 수 있는 절차를 마련해야 한다.

셋째, 담배 관련 질병 배상 체계를 구축해야 한다. 투명하게 공개된 유해성 정보를 기반으로 폐암, 심혈관질환 등 담배 관련 질병 환자들이 담배회사를 상대로 손해배상을 청구할 수 있는 법적 근거를 마련하고, 집단소송제 도입을 검토해야 한다. 이는 담배회사의 책임을 명확히 하고, 피해자 구제를 실질화하는 동시에 담배 산업 축소의 강력한 동력이 될 것이다.

담배 없는 대한민국을 향하여

담배는 매년 수만 명의 국민이 담배로 인해 목숨을 잃고, 막대한 사회적 비용이 발생하고 있다. 더 이상 담배를 일반 상품처럼 취급하고 세원으로만 바라보는 시각을 고집할 수 없다. 담배유해성관리에 관한 법률의 시행은 단순히 새로운 법 하나가 추가되는 것을 넘어, 대한민국 담배 정책의 철학적 전환을 상징한다. 이제 국가는 담배산업의 관리자가 아닌 국민건강의 수호자로서 분명한 입장을 취해야 한다. 기존 법률들을 국민건강 중심으로 전면 개정하고, 담배가 이 땅에서 사라지는 그 날까지 일관되고 강력한 정책을 추진해야 할 때이다.

법의 목적이 바뀌면 사회가 바뀐다. 담배유해성관리법을 시작으로, 대한민국의 모든 담배 관련 법제가 국민의 생명과 건강을 최우선 가치로 삼는 날, 우리는 비로소 담배 없는 건강한 사회로 나아갈 수 있을 것이다.

2
가향물질과 전자담배 규제 강화의 필요성

담배법 개정을 위한 종합적 규제 방안

현행 담배사업법은 급속도로 진화하는 담배 제품, 특히 전자담배와 가향 담배의 위험성을 효과적으로 통제하지 못하고 있다. 청소년 흡연율 증가의 주범으로 지목되는 가향 전자담배는 과일향, 사탕향 등 수천 가지 향료를 통해 담배의 유해성을 은폐하고 있으며, 합성니코틴과 각종 유사물질은 법적 사각지대에서 무분별하게 유통되고 있다. 미국, 유럽연합, 캐나다 등 선진국들이 이미 강력한 규제 체계를 구축한 반면, 우리나라는 여전히 사후 관리 중심의 미온적 대응에 머물러 있다. 공중보건을 최우선으로 하는 예방적 규제 시스템으로의 전환이 시급한 시

점이다.

액상형 전자담배 및 합성니코틴 규제 강화

현행법의 담배 정의를 확대하여 "니코틴 또는 니코틴 유도체, 합성니코틴, 니코틴 유사 알칼로이드를 함유하거나 발생시키는 모든 제품"을 담배로 규정해야 한다. 이를 통해 합성니코틴을 사용하여 담배 규제를 회피하려는 시도를 원천적으로 차단할 수 있다.

액상형 전자담배에 대해서는 더욱 엄격한 기준을 적용해야 한다. 니코틴 함량은 밀리리터당 20밀리그램을 초과할 수 없도록 상한선을 설정하고, 1회 용량 용기는 10밀리리터 이하로 제한한다. 프로필렌글리콜, 글리세린 등 베이스 성분의 순도 기준을 설정하고, 중금속, 휘발성 유기화합물, 발암물질의 허용 한계치를 명시해야 한다.

합성니코틴과 유사물질에 대해서는 별도의 등록 및 추적 시스템을 구축한다. 제조·수입·유통의 각 단계에서 수량과 거래처를 전자적으로 보고하도록 의무화하고, 식품의약품안전처가 이를 실시간으로 모니터링한다. 니코틴 유사 작용을 하는 새로운 화학물질이 발견될 경우, 즉시 규제 대상에 포함할 수 있도록 포괄적 규정을 마련한다.

영업자 허가제 확대

현재 제조업과 수입업에만 적용되는 허가제를 도매업과 대규모 소매업으로 확대해야 한다. 연간 거래액 1억 원 이상의 도매업자는 기획재정부장관의 허가를 받아야 하며, 허가 요건에는 적정 보관시설, 청소년 보호 계획, 불법유통 방지 시스템이 포함된다.

소매업의 경우 신고제를 유지하되, 실질적인 관리가 가능하도록 강화한다. 소매점은 영업 개시 14일 전까지 시·군·구청장에게 신고해야 하며, 신고 시 사업장 위치, 청소년 보호 교육 이수 증명, 판매 인력 명단을 제출한다. 학교 환경위생 정화구역 내 신규 소매점 신고는 불허하며, 기존 소매점도 3년의 유예기간 후 폐업하도록 한다.

온라인 판매의 경우 별도의 전자상거래 허가제를 도입한다. 허가 요건으로 실명 인증 시스템, 성인 인증 시스템, 배송 단계 본인 확인 절차를 의무화하고, 연 1회 이상 정기 점검을 실시한다. 무허가 온라인 판매는 형사처벌 대상으로 하며, 플랫폼 사업자에게도 모니터링 의무를 부과한다.

원료물질 관리 규정 신설

담배 제조에 사용되는 모든 원료물질의 생산에서 폐기까지 전 과정을 추적·관리하는 체계를 구축해야 한다. 니코틴 원액, 합성니코틴, 향료, 베이스 용액 등 주요 원료는 '관리 대상 원료물질'로 지정하고, 제조·수입 시 식품의약품안전처에 등록을 의무화한다.

원료물질 공급업자는 반기별로 생산량, 판매량, 재고량을 보고해야 하며, 거래 내역은 5년간 보관한다. 원료물질의 불법 유통을 방지하기 위해 바코드 또는 RFID 기반의 전자 추적 시스템을 도입하고, 정당한 구매자 확인 없이는 판매할 수 없도록 한다.

수입 원료물질에 대해서는 원산지 증명, 성분 분석 증명서, 해외 제조업체의 GMP 인증서를 제출하도록 하고, 통관 단계에서 무작위 샘플링 검사를 실시한다. 기준에 미달하거나 신고 내용과 상이한 원료는 즉시 폐기 조치한다.

위반 시 제재 강화 및 감독 체계 구축

무허가 제조·판매 시 7년 이하의 징역 또는 2억 원 이하의 벌금으로 처벌 수위를 대폭 상향한다. 미신고 첨가물 사용, 허위 성분 표시, 청소년 판매 등에 대해서도 영업정지가 아닌 허가·신고 취소를 원칙으로 하여 재범을 방지한다.

과태료 부과 기준을 위반 행위의 중대성과 반복 여부에 따라 차등화하되, 상습 위반자에게는 최대 5천만 원까지 부과할 수 있도록 한다. 위반 수익의 환수를 위해 과징금 제도를 신설하고, 불법 수익의 3배까지 부과할 수 있는 근거를 마련한다.

감독 체계는 중앙정부와 지방자치단체의 역할을 명확히 구분한다. 기획재정부는 제조·수입업체의 허가 및 관리를, 식품의약품안전처는 원료물질과 첨가물의 안전성 관리를, 지방자치단체는 소매점 관리와 불법 판매 단속을 담당한다. 연 2회 이상 합동 점검을 실시하고, 불법 제품에 대해서는 즉시 유통 차단 조치를 취한다.

선제적 규제로의 패러다임 전환

담배 규제는 사후 처벌이 아닌 사전 예방이 핵심이다. 품목 허가제, 첨가물 관리, 원료물질 추적은 모두 위해 제품이 시장에 진입하기 전에 차단하는 선제적 방어선이다. 특히 끊임없이 진화하는 신종 담배 제품과 합성물질에 대응하기 위해서는 포괄적이고 유연한 규제 체계가 필수적이다. 이러한 규제 강화가 산업 위축을 초래한다는 우려도 있으나, 장기적으로는 국민 건강 증진과 의료비용 절감이라는 더 큰 사회적 편익을 가져올 것이다. 국제적 기준에 부합하는 담배법 개정을 통해, 대한민국이 담배 규제 선진국으로 나아갈 수 있기를 기대한다.

3

담배사업자의 품목별 신고
혹은 허가 의무 신설 필요성

담배사업법에서 영업자를 대폭확대해서 제재 처분 대상이 많아지면 이에 부수적으로 시설기준, 영업자준수사항과 함께 제품 자체에 대한 신고나 허가까지 가능해진다.

담배사업법의 품목관리 부재: 사업자 확대와 제품규제의 필요성

담배사업법에서 영업자 유형을 확대하면 단순히 관리 대상이 늘어나는 것을 넘어 전체 규제 체계의 근본적 변화가 가능하다. 식품위생법이나 약사법을 보면, 영업자 허가·신고는 규제의 출발점이다. 영업자를 특정하고 나면 그에 따라 시설기준, 영업자준수사항, 제품기준, 표시기준 등 일련의 규제가 자동으로 작동한다.

현행 담배사업법은 제조업자, 수입판매업자, 도매업자, 소매인만 규정하므로, 규제도 이들에게만 적용된다. 액상형 전자담배의 니코틴 용액 수입업자, 전자담배 기기 판매업자, 담배 첨가물 제조업자 등은 법의 관리 밖에 있다. 이들을 영업자로 편입시키면, 각 영업 유형에 맞는 시설기준을 정할 수 있다. 니코틴 용액 제조업은 위험물 보관시설과 품질검사실을 갖추도록 하고, 액상 판매업은 연령 확인 시스템과 CCTV 설치를 의무화할 수 있다.

영업자준수사항도 구체화할 수 있다. 식품위생법 제44조는 영업자가 지켜야 할 위생관리기준을 시행규칙으로 정하고 있다. 담배사업법도 액상 판매업자에게 제품 보관 온도 유지, 유통기한 관리, 판매 기록 보관 등을 의무화하고, 제조업자에게는 제조일지 작성, 원료 출처 기록, 품질검사 실시 등을 명령할 수 있다. 이를 위반하면 영업정지나 허가취소로 제재할 수 있어 실효성이 확보된다.

품목관리 제도의 전무한 현실

담배사업법의 가장 심각한 문제는 개별 제품에 대한 관리 규정이 전혀 없다는 점이다. 담배제조업 허가를 받으면 어떤 제품을 만들든 자유다. 신제품 출시 시 정부에 신고할 필요도, 허가받을 필요도 없다. 어떤 첨가물을 넣는지, 어떤 향료를 사용하는지, 새로운 유해물질이 발생하는지 정부는 알 수 없다.

궐련형 담배에 멘톨을 첨가하든, 전자담배 액상에 과일향을 넣든, 니코틴 파우치에 카페인을 혼합하든 제조사 마음이다. 청소년 흡연을 유도하는 사탕향, 초콜릿향 제품이 쏟아져도 사전에 막을 방법이 없다. 시장에 출시된 후 사회적 문제가 되어야 뒤늦게 대응할 뿐이다.

담배사업법 제25조의2는 타르와 니코틴 함량만 표시하도록 하지만, 이마저도 품목별 사전 신고나 승인 없이 자율적으로 측정하여 표시한다. 측정 결과의 정확성을 정부가 사전에 검증하지 않는다. 분기마다 측정기관에 의뢰하도록 하지만, 측정 결과를 정부에 보고할 의무는 없다. 소비자는 자신이 피우는 담배에 무엇이 들어있는지 알 수 없고, 정부도 모른다.

액상형 전자담배는 더욱 심각하다. 합성 니코틴을 사용하면 담배사업법상 담배가 아니므로, 아예 법적 관리 대상이 아니다. 중국에서 수입되는 니코틴 용액에 무엇이 섞여 있는지, 어떤 화학물질이 사용되는지 전혀 파악되지 않는다. 2024년 KBS 보도에 따르면 '무니코틴' 전자담배라고 광고하면서 실제로는 니코틴 유사물질이 검출되는 사례가 많다. 품목 신고나 허가가 없으니 이런 사기 행위도 사전에 차단할 수 없다.

본보기가 될 수 있는 식품위생법·약사법의 품목관리 체계

식품위생법 제37조는 식품제조·가공업자에게 품목제조보고를 의무화한다. 어떤 식품을 제조할 것인지, 원재료는 무엇인지, 제조방법은 어떠한지를 사전에 보고해야 한다. 건강기능식품법 제7조는 한 걸음 더 나아가 개별 품목별로 식품의약품안전처장의 허가를 받도록 한다. 신청 시 원재료, 제조방법, 영양성분, 기능성분, 안전성 자료를 모두 제출해야 한다.

약사법 제31조의2는 의약품 품목허가와 품목신고를 규정한다. 신약은 안전성·유효성 심사를 거쳐 품목허가를 받아야 하고, 기존 성분 의약품도 품목신고를 해야 한다. 신고 시 성분, 함량, 용법, 용량, 효능, 효과를 명시해야 한다. 의약품 허가를 받으면 식약처는 해당 품목의 모든 정보를 데이터베이스로 관리하고, 안전성 문제 발생 시 즉각 회수 명령을 내릴 수 있다.

화장품법 제3조도 맞춤형화장품이 아닌 일반 화장품은 품목별로 보고하거나 심사를 받도록 한다. 기능성화장품은 심사를 받아야 하며, 일반화장품도 제조·수입 전에 품목정보를 보고해야 한다. 이를 통해 정부는 시중에 유통되는 모든 화장품의 성분과 제조업체를 파악한다.

이러한 품목관리 제도는 몇 가지 핵심 기능을 한다. 첫째, 사전 예방이다. 유해 성분이 포함된 제품이 시장에 나오기 전에 차단할 수 있다. 둘째, 추적관리다. 문제 발생 시 어느 제품이 어느 공장에서 언제 제조되었는지 즉각 파악하여 신속히 회수할 수 있다. 셋째, 정보공개다. 소비자가 정부 웹사이트에서 제품의 성분과 안전성 정보를 확인할 수 있다.

담배 품목허가제 도입 방안

담배사업법도 식품이나 의약품처럼 품목 단위 관리가 시급하다. 구체적으로 다음과 같은 제도를 도입해야 한다.

첫째, 담배 품목신고제를 신설해야 한다. 제조업자나 수입판매업자가 새로운 담배 제품을 시장에 출시하기 전에 기획재정부장관에게 품목신고를 하도록 해야 한다. 신고 사항은 제품명, 제품 유형(궐련, 전자담배, 파우치 등), 주요 성분, 첨가물 목록, 니코틴 함량, 타르 함량, 제조방법, 포장 형태 등이 포함되어야 한다.

둘째, 신종 담배 제품은 품목허가제로 운영해야 한다. 궐련처럼 오랫동안 판매된 제품은 신고만으로 충분하지만, 액상형 전자담배, 니코틴 파우치, 가열식 담배 등 새로운 형태의 제품은 안전성과 유해성 평가를 거쳐 품목허가를 받도록 해야 한다. 허가 신청 시 제품의 독성시험, 유해물질 분석, 중독성 평가 자료를 제출하도록 하고, 보건복지부와 협의하여 국민건강에 미치는 영향을 심사해야 한다.

셋째, 첨가물 포지티브 리스트를 도입해야 한다. 식품첨가물처럼 담배에 사용 가능한 첨가물 목록을 정부가 지정하고, 목록에 없는 물질은 사용을 금지해야 한다. 새로운 첨가물을 사용하려면 안전성 자료를 제출하여 승인을 받도록 해야 한다. 특히 청소년 흡연을 유도하는 과일향, 사탕향, 초콜릿향 등 특정 향료는 사용을 전면 금지해야 한다.

넷째, 제품 정보 데이터베이스를 구축해야 한다. 신고·허가된 모든 담배 제품의 정보를 정부가 데이터베이스로 관리하고, 소비자가 웹사이트에서 검색할 수 있도록 공개해야 한다. 각 제품에 고유번호를 부여하고, 포장에 표시하도록 하여 추적관리 체계를 구축해야 한다.

다섯째, 미신고·무허가 제품의 제조·판매를 엄벌해야 한다. 품목신고나 허가 없이 제품을 제조·수입·판매하는 행위는 무허가 제조업과 동일하게 처벌하고, 최소 5년 이하 징역 또는 5천만 원 이하 벌금으로 처벌 수위를 대폭 강화해야 한다.

영업자 확대와 품목관리의 시너지

영업자 유형 확대와 품목관리 제도는 상호 보완적으로 작동한다. 니코틴 용액 제조업을 신설하면, 해당 업종에서 제조하는 모든 용액 제품에 대해 품목신고를 의무화할 수 있다. 액상 판매업을 신설하면, 신고되지 않은 제품의 판매를 금지하고 위반 시 영업정지로 제재할 수 있다.

시설기준과 품목기준도 연계된다. 니코틴 용액 제조업의 시설기준에 품질검사실 설치를 의무화하면, 제조되는 모든 제품의 성분 검사가 가능해진다. 검사 결과를 품목신고 시 제출하도록 하면, 정부는 신고 내용의 진위를 확인할 수 있다.

영업자준수사항에 미신고 제품 판매 금지를 포함시키면, 도매업자와 소매인도 신고된 제품만 취급하게 된다. 유통 단계에서 미신고 제품이 자동으로 걸러지는 것이다. 이는 식품위생법에서 영업자가 위해식품을 판매·사용할 수 없도록 한 것과 같은 원리다.

4
담배사업자 유형의 세분화 등 개정 필요성

식품위생법의 사업자 유형 세분화 사례처럼 개정 필요

식품위생법 시행령 제26조는 식품 관련 사업을 매우 세밀하게 구분하여 관리한다. 식품제조·가공업, 즉석판매제조·가공업, 식품첨가물제조업, 식품운반업, 식품소분·판매업, 식품보존업, 용기·포장류제조업, 식품접객업 등으로 나누고, 식품접객업은 다시 휴게음식점, 일반음식점, 단란주점, 유흥주점, 위탁급식, 제과점 등 세부 업종으로 분류한다.

이러한 세분화는 각 사업 유형의 특성에 맞는 맞춤형 규제를 가능하게 한다. 식품제조업은 HACCP 인증을 의무화하고, 식품접객업은 위생등급제를 적용하며, 식품운반업은 온도관리 기준을 별도로 정한다. 각 업종별로 시설기준, 인력기준, 위생관리기준이 다르게 적용되며, 위반 시 행정처분 기준도 업종별로 차등화되어 있다.

특히 중요한 것은 영업허가나 신고를 통해 모든 사업자를 행정관청의 관리·감독 체계 안으로 편입시킨다는 점이다. 식품위생법 제37조는 식품제조·가공업, 즉석판매제조·가공업 등은 허가를, 그 외 업종은 신고를 받도록 하여, 누가 어디서 무엇을 판매하는지 전수 파악이 가능하다. 이를 통해 문제 발생 시 신속한 추적과 제재가 가능하며, 정기적인 위생점검과 교육도 실시할 수 있다.

담배사업법의 단순하고 허술한 사업자 구분

반면 담배사업법은 사업자를 제조업자, 수입판매업자, 도매업자, 소매인 4가지로만 구분한다. 제11조의 담배제조업, 제13조의 담배수입판매업과 담배도매업, 제16조의 담배소매업이 전부다. 1989년 담배전매제도를 폐지하면서 만든 이 단순한 구조는 35년이 지난 지금까지 거의 변하지 않았다.

문제는 담배 시장이 급격히 변화했다는 점이다. 전통적인 궐련 중심 시장에서 궐련형 전자담배, 액상형 전자담배, 니코틴 파우치, 가열식 담배 등 새로운 형태의 제품이 쏟아지고 있다. 특히 액상형 전자담배는 전자기기와 니코틴 용액이 분리되어 유통되는 독특한 구조를 가진다. 전자기기는 전자상거래로 판매되고, 니코틴 용액은 별도로 수입·판매되며, 소비자가 직접 조합하여 사용한다.

현행 담배사업법은 이러한 새로운 유통구조를 전혀 포착하지 못한다. 연초의 잎을 원료로 한 제품만 담배로 정의하므로, 합성 니코틴을 사용한 액상은 법적으로 담배가 아니다. 따라서 액상 수입업자, 액상 판매업자, 전자기기 판매업자 등은 담배사업법상 어떠한 허가나 신고도 필요 없다. 이들은 행정관청의 관리·감독 밖에서 자유롭게 영업한다.

관리 공백으로 인한 청소년 건강 위협

사업자 유형 세분화가 없다는 것은 곧 관리 공백을 의미한다. 2024년 현재 네이버 등 포털사이트에서 '액상 전자담배'를 검색하면 10만 개 이상의 제품이 확인된다. '주스'라는 표현을 사용하고, 망고, 딸기, 사탕 등 과일향과 화려한 디자인으로 청소년의 구매를 유도한다. 담배사업법상 담배가 아니므로 경고 문구나 경고 그림 표시 의무가 없고, 온라인 판매도 자유롭다.

2024년 서울소비자공익네트워크 조사에 따르면 응답자의 약 70%가 액상형 전자담배를 담배로 인식하지 못했고, 90%가 온·오프라인에서 자유롭게 판매되어 청소년에게 심각하게 노출되고 있다고 지적했다. 화장품, 음료수, 향수, 장난감 등으로 위장한 제품들이 청소년의 흡연 진입 통로가 되고 있다.

더 심각한 것은 이들 액상 판매업자에 대한 행정제재가 불가능하다는 점이다. 담배사업법은 허가나 신고를 받은 사업자에 대해서만 영업정지나 허가취소 등 행정처분을 할 수 있다. 액상 판매업자는 애초에 신고 대상이 아니므로 아무리 청소년에게 판매해도 담배사업법으로는 제재할 수 없다. 청소년보호법 위반으로 형사처벌은 가능하지만, 입증이 어렵고 처벌 수위도 낮아 실효성이 없다. 결국 이들은 아무런 눈치 볼 것 없이 청소년 건강을 위협하면서 사업을 계속한다.

세분화된 사업자 유형 도입의 필요성

담배사업법도 식품위생법처럼 사업자 유형을 세분화해야 한다. 다음과 같은 업종 구분이 필요하다.

첫째, 액상형 전자담배 관련 업종 신설이다. 니코틴 용액 제조업, 니코틴 용액 수입업, 니코틴 용액 판매업(도매·소매), 전자담배 기기 제조업, 전자담배 기기 수입업, 전자담배 기기 판매업 등으로 세분화해야 한다. 각 업종별로 허가 또는 신고를 의무화하고, 시설기준과 품질관리 기준을 달리 적용해야 한다.

둘째, 담배 원료 관련 업종을 분리해야 한다. 현재는 담배제조업 허가에 원료 관리가 포함되어 있으나, 니코틴 추출업, 담배 첨가물 제조·수입업, 향료 제조·수입업 등을 별도 업종으로 분리하여 원료 단계부터 관리해야 한다. 중국 등에서 수입되는 합성 니코틴이나 각종 화학물질의 안전성을 검증하고, 사용 가능한 첨가물 목록을 지정해야 한다.

셋째, 신종 담배 제품별 업종을 신설해야 한다. 가열식 담배, 니코틴 파우치, 무연 담배 등 새로운 형태의 제품이 계속 출시되므로, 제품 형태별로 제조·수입·판매업을 구분하고 각각의 특성에 맞는 규제를 적용해야 한다.

넷째, 온라인 판매업을 별도 관리해야 한다. 현재 소매인은 전자거래로 담배를 판매할 수 없지만, 담배가 아닌 액상이나 기기는 온라인 판매가 자유롭다. 온라인 담배 관련 제품 판매업을 신설하여 연령 확인 절차, 배송 제한 등을 엄격히 규제해야 한다.

세분화를 통한 실효적 규제 방안

담배사업법의 단순한 사업자 구분은 1989년 전매제도 폐지 당시의 유산이다. 35년간 담배 시장은 급변했지만, 법은 그대로다. 합성 니코틴 액상, 전자담배 기기, 각종 첨가물을 판매하는 수많은 사업자가 법의 사각지대에서 청소년 건강을 위협하고 있다.

식품위생법이 식품 관련 사업을 세밀하게 구분하여 철저히 관리하는 것처럼, 담배사업법도 사업자 유형을 세분화해야 한다. 모든 담배 관련 사업자를 허가·신고 체계 안으로 편입시키고, 업종별 특성에 맞는 규제를 적용하며, 위반 시 강력한 행정제재를 가해야 한다. 이것이 청소년을 보호하고 국민건강을 지키는 유일한 길이다.

5
강력한 행정제재처분과 형사 처벌 규정의 필요

현행 담배 관련 법령의 제재 수위와 문제점

담배사업법, 국민건강증진법, 담배유해성관리에 관한 법률은 국민건강을 보호하고 금연 정책을 추진하기 위한 핵심 법률임에도 불구하고, 위반 시 형사처벌과 행정 제재의 수위가 다른 보건 관련 법령에 비해 현저히 낮은 수준에 머물러 있다. 담배가 매년 수만 명의 사망 원인이 되고 간접흡연으로 인한 피해가 막대함에도, 담배 영업자에 대한 제재는 그 위해성에 비례하지 않는 관대한 수준이다.

담배사업법상 무허가 제조나 밀수입의 경우 5년 이하의 징역 또는 5

천만 원 이하의 벌금이 부과되며, 국민건강증진법상 금연구역 지정 의무 위반이나 담배 광고 규제 위반 시에도 500만 원 이하의 과태료에 그친다. 담배유해성관리에 관한 법률 역시 유해성분 표시 위반 등에 대해 2년 이하의 징역 또는 2천만 원 이하의 벌금을 규정하고 있을 뿐이다. 이러한 제재 수위는 담배가 국민 건강에 미치는 막대한 영향력을 고려할 때 턱없이 부족한 수준이다.

다른 보건 관련 법령과의 비교

같은 보건 관련 법령임에도 식품위생법, 약사법, 의료기기법 등은 훨씬 강력한 제재 규정을 두고 있어 형평성 문제가 제기된다.

식품위생법의 경우 유독·유해물질이 함유된 식품을 판매하거나 제조할 경우 10년 이하의 징역 또는 1억 원 이하의 벌금에 처하며, 영업정지나 허가취소 등 행정처분도 엄격하게 적용된다. 위해식품 판매의 경우 1차 위반 시에도 영업정지 2개월, 2차 위반 시 영업정지 3개월이 부과되며, 3차 위반 시에는 허가 취소까지 가능하다.

약사법은 더욱 엄격하다. 무허가 의약품 제조·판매의 경우 10년 이하의 징역 또는 1억 원 이하의 벌금이 부과되며, 가짜 의약품 제조·수입의 경우에는 10년 이하의 징역에 처해질 수 있다. 약국의 경우에도 조제 과실이나 의약품 관리 소홀 시 즉각적인 영업정지가 가능하며, 중대한 위반 시 허가 취소가 이루어진다.

의료기기법 역시 허가받지 않은 의료기기 제조·수입 시 5년 이하의 징역 또는 5천만 원 이하의 벌금에 처하며, 결함 의료기기로 인한 건강 피해 발생 시에는 가중처벌된다. 의료기기 판매업소에 대한 행정처분도 위반 횟수에 따라 단계적으로 강화되는 구조를 갖추고 있다.

반면 담배 관련 법령은 미성년자에게 담배를 판매하는 중대한 위반 행위조차 과태료 수준의 제재에 그치는 경우가 많다. 금연구역 지정 의무를 위반하거나 담배 광고 규제를 어겨도 영업정지나 허가취소로 이어지는 경우는 극히 드물다. 이는 매년 담배로 인해 수만 명이 사망하고 수십만 명이 질병에 시달린다는 사실을 고려할 때, 법적 제재의 형평성에 심각한 문제가 있음을 보여준다.

제재 강화의 필요성

효과적인 금연정책을 위해서는 수요 측면의 금연 유도뿐만 아니라 공급 측면의 강력한 규제가 필수적이다. 담배 영업자에 대한 제재가 약할 경우, 법 위반의 유인이 커지고 규제 정책의 실효성이 떨어진다.

첫째, 미성년자 판매 금지 실효성 확보를 위해서는 위반 시 제재를 대폭 강화해야 한다. 현행 과태료 중심의 제재로는 고의적이고 반복적인 미성년자 판매를 억제하기 어렵다. 1차 위반 시 영업정지 1개월, 2차 위반 시 3개월, 3차 위반 시 허가취소 등 단계적 제재를 도입하고, 고의적 반복 판매의 경우 형사처벌을 강화해야 한다.

둘째, 담배 밀수입과 불법 제조에 대한 처벌을 강화해야 한다. 현행 5년 이하의 징역으로는 막대한 이익을 얻는 밀수입 조직을 억제하기 어렵다. 약사법 수준으로 10년 이하의 징역으로 상향하고, 조직적 범행의 경우 가중처벌 규정을 신설해야 한다.

셋째, 금연구역 지정 의무 위반이나 간접흡연 방지 의무 위반에 대한 제재를 강화해야 한다. 다중이용시설의 금연구역 미지정이나 흡연실 기준 위반은 불특정 다수의 건강을 위협하는 행위임에도 과태료 수준의 제재만 가해진다. 영업정지 등 실질적 제재를 도입하여 사업자들이 자발적으로 준수하도록 유도해야 한다.

넷째, 담배 광고 및 판촉 규제 위반에 대한 제재를 현실화해야 한다. 현행 과태료는 대기업 담배 회사들에게는 단순한 사업 비용에 불과하다. 위반 시 매출액 대비 과징금을 부과하거나, 반복 위반 시 판매허가를 제한하는 등 실질적 타격을 줄 수 있는 제재 수단이 필요하다.

법령 개정을 통한 금연정책의 실효성 제고

담배 관련 법령의 제재 수위를 다른 보건법령 수준으로 강화하는 것은 단순히 처벌을 강화하자는 것이 아니라, 법적 형평성을 회복하고 금연정책의 실효성을 높이기 위한 필수적 조치다. 담배가 국민 건강에 미치는 위해가 식품이나 의약품 못지않게 심각함에도 제재 수위가 낮다는 것은 법 체계의 일관성과 합리성을 훼손한다.

입법자는 담배사업법, 국민건강증진법, 담배유해성관리에 관한 법률의 형사 처벌과 행정 제재를 전면 재검토하여, 식품위생법이나 약사법 수준으로 상향 조정해야 한다. 특히 미성년자 대상 판매, 금연구역 위반, 불법 제조·유통에 대해서는 영업정지와 허가취소를 포함한 강력한 행정처분을 도입하고, 형사 처벌 수위도 대폭 강화해야 한다.

WHO 담배규제기본협약의 당사국으로서, 그리고 국민 건강을 최우선으로 하는 국가로서, 대한민국은 담배 규제의 사각지대를 해소하고 법령 간 형평성을 회복해야 한다. 이는 금연정책의 성공을 위한 첫걸음이자, 국민 건강권 보호를 위한 국가의 책무이다.

6

흡연지도 강화와 비흡연자 보호를 위한 제도 필요

　현행 국민건강증진법은 금연지도원 제도를 통해 금연구역 위반자를 단속하도록 규정하고 있으나, 실제 현장에서는 여러 한계에 직면하고 있다. 금연지도원은 법적으로 과태료 부과권한이 없어 위반자 적발 시 신분 확인이나 강제력 행사가 불가능하다. 실제로 서울시의 한 금연지도원은 버스정류장 흡연자를 적발했으나 신분증 제시를 거부당했고, 경찰 협조를 요청했지만 현장 출동이 지연되면서 결국 단속이 무산된 사례가 있다. 이처럼 금연지도원은 단순 계도와 권고만 가능할 뿐, 실질적 제재 수단이 부재한 상황이다.

　더욱이 금연지도원의 신변 안전 문제도 심각하다. 흡연자들의 언어적·물리적 위험에 노출되는 경우가 빈번하며, 지자체별로 금연지도원 1인당 담당 구역이 과도하게 넓어 효과적인 순찰과 단속이 사실상 불가능하다. 부산의 경우 금연지도원 1명이 반경 수 킬로미터의 금연구역을 담당하고 있어, 위반 행위가 발생해도 즉각 대응할 수 없는 구조적 문제를 안고 있다.

이러한 단속의 한계는 곧 비흡연자의 건강권 침해로 이어진다. 지하철역 출구, 버스 정류장, 건물 입구 등 법적 금연구역임에도 흡연이 빈번하게 이루어지면서, 비흡연자들은 원치 않는 간접흡연에 지속적으로 노출되고 있다. 특히 영유아를 동반한 부모나 호흡기 질환자, 임산부 등 취약계층의 피해가 심각한 실정이다.

이에 대한 근본적 해결책으로 흡연 부스 설치 확대가 시급하다. 비흡연자 보호를 위한 적극적 예산 투입을 통해 주요 공공장소에 공기정화 시스템이 갖춰진 밀폐형 흡연 부스를 설치해야 한다. 일본과 싱가포르의 경우 번화가와 역사에 흡연 부스를 설치해 흡연자와 비흡연자의 공간을 명확히 분리함으로써 간접흡연 노출을 최소화하고 있다. 국내에서도 일부 지자체가 시범 운영 중이나, 예산 부족으로 확대가 더딘 상황이다.

흡연 부스 설치는 단기적으로는 비용이 소요되지만, 장기적 관점에서 보면 의료비 절감이라는 명확한 편익을 가져온다. 보건복지부 통계에 따르면 간접흡연으로 인한 연간 사회경제적 비용은 수천억 원에 달하며, 이는 폐암, 심혈관 질환, 소아 호흡기 질환 등의 치료비로 고스란히 국민건강보험 재정에 부담을 준다. 간접흡연 노출을 줄임으로써 예방 가능한 질병을 차단한다면, 향후 10~20년 후 의료비 지출을 크게 감소시킬 수 있다.

단기적으로는 두 가지 접근이 병행되어야 한다. 첫째, 흡연 가능 구역의 전략적 확대다. 무조건적 금연구역 확대가 아니라, 흡연자들이 실제로 이용 가능한 지정 흡연구역을 적절히 배치해 자연스럽게 해당 구역으로 유도하는 것이다. 둘째, 금연지도원의 실질적 단속권 강화가 필수적이다. 신분 확인 요구권, 경찰 즉시 지원 시스템, 과태료 현장 부과 권한 부여 등 법적·제도적 뒷받침이 마련되어야 한다.

결국 금연정책의 성공은 단속 강화만으로는 불가능하며, 흡연자와 비흡연자 모두를 배려하는 균형 잡힌 접근이 필요하다. 예산 투입을 통한 인프라 구축과 실효성 있는 단속 체계 마련이라는 두 축이 함께 작동할 때, 비로소 모두의 건강권이 보호되는 사회로 나아갈 수 있을 것이다.

맺음말

 이 책을 집필하면서 담배 관련 법령을 하나하나 분석할 때마다 법조인으로서 깊은 고민에 빠졌다. 식품위생법, 약사법, 화장품법은 모두 제1조에서 "국민건강의 보호"를 명시하고 있는데, 유독 담배사업법만은 "담배산업의 건전한 발전"을 목적으로 하고 있었다. 매년 수만 명의 국민이 담배로 인해 목숨을 잃고 있음에도, 담배를 규율하는 기본법은 여전히 세금 징수와 산업 보호에 방점을 두고 있는 것이다.

 대한민국 담배법은 아직 갈 길이 멀다. 합성니코틴 규제, 가향물질 금지, 품목허가제 도입, 강력한 형사처벌 규정, 비흡연자 보호 인프라 확충 등 시급히 개선해야 할 과제가 산적해 있다. 무엇보다 담배사업법의 목적 조항을 "국민건강 보호"로 전면 개정하고, 주무부처를 기획재정부에서 보건복지부로 이관하는 근본적 전환이 필요하다. 이 모든 변화의 시작은 법률 개정이다. 아무리 훌륭한 정책이라도 법적 근거 없이는 집행될 수 없고, 아무리 강력한 의지가 있어도 법령의 뒷받침 없이는 현실이 될 수 없다.

2025년 시행된 담배유해성관리법은 분명 진일보한 법률이지만, 여전히 불완전하다. 타르 공개 문제, 영업비밀 예외 조항, 시험법 부재로 인한 검사 누락, 미흡한 처벌 규정 등 해결해야 할 과제가 많다. 더욱이 이 법조차 담배사업법이라는 낡은 틀 안에서 작동해야 하는 한계를 안고 있다. 결국 담배 관련 법체계 전체를 국민건강 중심으로 재편하는 작업이 시급하다.

법률 전문가로서 나는 이제 시작이라고 생각한다. '담배 관련 법률과 사건 해설'에 이어 이 책 '대한민국 담배법의 현재와 미래'를 출간하면서, 담배법 분야에서 전문성을 축적해 왔다. 앞으로는 이론적 분석을 넘어 실무적 개입으로 나아가고자 한다. 담배 피해자들의 손해배상 소송을 지원하고, 담배사업법 위헌소송을 제기하며, 국회의 입법 과정에 참여하여 구체적인 법률안을 제시하는 등 실질적인 변화를 만들어내는 역할을 수행하고자 한다. 그리고 공공보건분야에 지식을 쌓기 위해서 가능하다면 내년에는 세계 유수의 대학원에 진학해서 온라인 석사 학위도 취득하려고 준비 중인데, 꼭 합격해서 결실을 맺고 싶다.

나는 국내 1호 담배 전문 변호사가 되겠다는 목표를 세웠다. 단순히 담배 관련 사건을 수임하는 변호사가 아니라, 담배법 개정의 최전선에서 싸우고, 담배 피해자의 권리를 옹호하며, 국민건강을 지키는 법률 전문가로 서고 싶다. 이를 위해 WHO 담배규제기본협약, 미국 FDA의 담배 규제, 호주의 일반포장소송 판례 등 국제적 동향을 지속적으로 연구하고, 국내 실정에 맞는 입법안을 개발하며, 담배 규제 정책의 법률적 기반을 강화하는 데 모든 역량을 쏟을 것이다.

독자 여러분께 부탁드린다. 이 책이 단순한 법률 해설서로 끝나지 않기를 바란다. 국회의원, 정책입안자, 공무원, 보건 전문가, 시민단체 활동가들이 이 책을 참고하여 실질적인 법 개정과 정책 변화를 이끌어내길 희망한다. 담배법은 결국 우리 모두의 건강과 직결된 문제다. 법률 전문가 혼자서는 바꿀 수 없다. 국민 모두가 관심을 갖고 목소리를 낼 때, 비로소 담배법은 국민건강을 위한 법으로 거듭날 수 있다.

대한민국이 담배 규제 선진국으로 나아가는 그날까지, 나는 담배 전문 변호사로서 이 길을 끝까지 걸어갈 것이다. 세금보다 생명이, 산업보다 건강이 우선하는 법체계를 만드는 데 법률가로서 최선을 다하겠다. 이 책이 그 변화의 작은 씨앗이 되기를 간절히 바란다.

대한민국 담배법의
현재와 미래

ⓒ 김태민, 2025

초판 1쇄 발행 2025년 11월 13일

지은이   김태민
편집   좋은땅 편집팀
펴낸곳   주식회사 위메이크미디어
주소   서울특별시 송파구 올림픽로8길 20, 10층 1017호 (잠실동, 잠실 아이파크)
이메일   wmm@wemakemedia.co.kr

ISBN   979-11-388-987905-4-5 (13360)

- 가격은 뒤표지에 있습니다.
- 이 책은 저작권법에 의하여 보호를 받는 저작물이므로 무단 전재와 복제를 금합니다.
- 파본은 구입하신 서점에서 교환해 드립니다.